読者限定

ことりっぷ co-Trip

富山

立山黒部・五箇山

電子書籍が

無料ダウンロード

できます♪

電子書籍のいいところ

購入した「ことりっぷ」が
いつでも
スマホやタブレットで
持ち運べますよ♪

まずは
ことりっぷアプリを
ダウンロード

詳しくは裏面で

いってきます。

富山に行ったら…

富山に着きました。

さて、なにをしましょうか？

昔ながらの街並みが多く残る富山。風情のある通りをのんびり歩きましょう。山あいや海沿いの豊かな自然も魅力です。

富山に着いたらまずは市電を利用し市内をお散歩。その後岩瀬や八尾、高岡などの昔ながらの街並みを散策しましょう。伝統工芸や酒蔵の地酒、老舗の和菓子など、歴史を感じさせる良品に出会えます。街歩きを楽しんだら、海沿いの新湊や氷見、立山、黒部峡谷や五箇山など山あいの自然に触れるのもいいですね。美しい自然に心が癒されます。

富山駅からほど近い富岩運河環水公園を散策したら、自然に溶け込んだカフェでほっとひと息。 P.21

check list

- □「ガラスの街とやま」で芸術鑑賞 P.18
- □ 富山タウンでアート散策 P.20
- □ 和の町並み・八尾さんぽ P.40
- □ 高岡をサイクリング P.50
- □ 港のまち新湊・内川をおさんぽ P.62
- □ 立山でトレッキング P.80・82
- □ 世界遺産・五箇山を歩く P.94
- □

おわら風の盆で有名な八尾には、昔ながらの町並みがそのまま残っています。 P.40

商都として栄えた高岡の象徴といえる土蔵造りの町・山町筋は自転車で回るのに最適です。 P.50

雄大な自然が広がる立山。美しい景色を楽しみながらトレッキングを。 P.81

世界遺産に登録されている五箇山の相倉・菅沼集落。初めてなのになんだか懐かしい気がします。 P.94

富山に行ったら…

なにを食べましょうか？

地元のネタを使ったにぎり寿司のセット「富山湾鮨」は富山に来たら一度は食べたい味。 P.24

とれたて新鮮な海の幸を地酒とともに味わいましょう。ご当地グルメもいろいろありますよ。

富山湾でとれた活きのいい魚介は、寿司で、丼で、洋食で…など味わい方もさまざま。富山自慢のおいしい地酒とともに楽しめます。さらに地元民に愛される「県民グルメ」もおすすめです。かわいいカフェもたくさんあるので、散策の休憩に立ち寄って。

活きのいい魚を気軽に味わえるのが居酒屋のいいところ。お酒と一緒に楽しんで。 P.28

check list

- ☐ きときとの富山湾鮨 P.24
- ☐ 県民に愛される名物グルメ P.26
- ☐ 地魚を肴に日本酒で一杯 P.28
- ☐ 個性的なカフェでゆったり P.32・58
- ☐

なにを買いましょうか？

岩瀬には、銘酒「満寿泉」をはじめ、とことんこだわった珠玉の1本が集まっています。 P.38

おみやげには伝統工芸品や日本酒を。かわいいお菓子も見逃せません。ふだん使いに最適な小物もあります。

八尾の和紙小物や高岡の鋳物、漆器など、富山は伝統工芸が盛んなので、自分用にお気に入りを見つけて。岩瀬の造り酒屋のおいしい地酒もおみやげにいいですね。さらに干菓子やマカロンなど、乙女心をくすぐる色とりどりのかわいいお菓子も豊富です。

歴史ある「富山の売薬」の薬瓶はガラス製。工場も職人さんも多かったので「ガラスの街」として発展したそう。 P.18

check list

- ☐ 富山のガラス工芸 P.19
- ☐ 富山名物ます寿し P.26
- ☐ 八尾の桂樹舎の和紙小物 P.37
- ☐ 岩瀬の酒蔵で富山の地酒 P.38
- ☐ 高岡の伝統工芸品 P.52・54
- ☐ 高岡のキュートなお菓子 P.60
- ☐ 城端の絹織物 P.70
- ☐

今週末、2泊3日で富山へ

日本有数の豊かな自然と食に囲まれた富山。
玄関口となる富山駅で新幹線を降りたら、市内散策からスタート。
グルメやショッピングを楽しみながら県全域をまわるプランです。

1日め

10:00
JR富山駅に着きました。市内電車に乗って富山タウンにでかけましょう。

10:20

市電西町電停で降り、**富山市ガラス美術館** P.18へ。美しい建物で、ガラスアートにふれましょう。

11:30

お昼はお寿司に決まり。**美乃鮨** P.24で富山の新鮮な魚を使った富山湾鮨をいただきます。

13:00

市電(富山港線)に乗って、昔ながらの街並みが広がる岩瀬へ。**富山湾展望台** P.38で富山湾を一望し、**酒商 田尻本店** P.38で銘酒を選びましょう。

15:30
再び街の中心部へ戻って、遊歩道が続く**富岩運河環水公園** P.16をおさんぽ。運河を眺めながらスターバックスでひと休み。

公園には景観の良さで知られるスタバがあります。

17:00
今夜の宿は富山駅から徒歩3分の**コンセプトホテル和休** P.45。ビジネスホテルの快適さと旅館のほっとする雰囲気を兼ね備えています。

18:00
夕食は地酒と新鮮な魚料理を居酒屋などで気軽に楽しみましょう。駅周辺には味自慢のお店がたくさんありますよ。 P.28

2日め

9:30

ホテルをチェックアウトしてJR富山駅へ。あいの風とやま鉄道と万葉線を乗り継いで、新湊へ向かいます。

10:50

海沿いの街・新湊に着きました。**川の駅新湊** P.62で情報収集してから、内川の街をのんびりおさんぽ。

内川沿いに美しい
街並みが広がります。

12:15

散策を楽しんだら万葉線で高岡へ。高岡駅で下車し、**高岡駅観光案内所** P.50でレンタサイクルを借ります。

12:30

ランチは地元食材をたっぷり使ったお惣菜の店**あんしんごはん** P.57で。和洋中の料理とデザートがセルフサービスで楽しめます。

13:30

ごはんの後は高岡の街をサイクリング。風情のある街並みが続く**山町筋**や**金屋町**をめぐって、おみやげ探しも楽しみましょう。 P.50

16:15

JR高岡駅からJR氷見線で氷見へ。駅から加越能バスで、**氷見漁港場外市場 ひみ番屋街** P.65へ。氷見名物がそろう複合施設で買い物を楽しんで。

18:35

今夜は氷見の海の幸を楽しめる美食宿、**氷見温泉郷 魚巡りの宿 永芳閣** P.69で一泊。新鮮な魚介を使った食事をゆっくりと味わいましょう。

3日め

8:20

ホテルから送迎バスでJR氷見駅へ向かい、JR氷見線でJR高岡駅へ。

9:35

日本三大大仏である**高岡大仏** P.50まで散策してみましょう。駅前まで戻ってきたら観光路線バス「世界遺産バス」に乗って五箇山へ出発。

高岡大仏は町のシンボルにもなっています。

12:15

五箇山の相倉集落にある休憩処**まつや** P.96でお昼ごはん。地元食材にこだわった五箇山料理を味わって。

五箇山ならではの山のごちそうをいただきます。

13:15

五箇山の**相倉合掌造り集落** P.94では、昔ながらの風景を眺めながら散策しましょう。**合掌造りの宿 庄七** P.98の近くには、「茶店まつや」もあるので、立ち寄ってみて。

14:35

世界遺産バスでバス停下梨へ行き、ここからタクシーで5分の「道の駅たいら」に併設している**五箇山和紙の里** P.95・97へ。伝統の和紙を使ったかわいい小物がそろっていて、おみやげにぴったり。

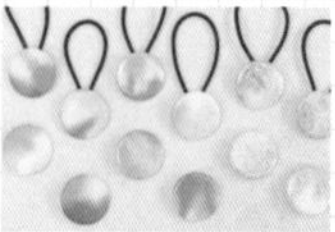

五箇山和紙を使ったカラフルな小物も。

16:40

バス停下梨から「世界遺産バス」に乗って、JR新高岡駅へ戻りましょう。

17:55

JR新高岡駅のものづくりギャラリー＆ショップ「MONONO-FU」でおみやげを買って、北陸新幹線で帰りましょう。

私の旅の
しおり

プランづくりのコツ

富山市内の観光は路面電車を上手に使いましょう。飲食店やショップは富山駅南口方面に集中しています。
新湊や氷見へは富山駅から「富山ぶりかにバス」に乗るのが便利。五箇山へは新高岡駅から「世界遺産バス」に乗れば約1時間でアクセスできます。

my memo

1日め

富山駅
↓
富山市ガラス美術館を見学
↓
美乃鮨でランチ
↓
岩瀬の街並みを散策
↓
富岩運河環水公園をおさんぽ
↓
コンセプトホテル和休にチェックイン
↓
富山タウンの居酒屋で地酒&鮮魚

2日め

富山駅
↓
川の駅新湊&内川周辺さんぽ
↓
あんしんごはんでランチタイム
↓
自転車で高岡周辺をサイクリング
↓
ひみ番屋街でお買いもの
↓
氷見温泉郷 魚巡りの宿
永芳閣にお泊まり

3日め

氷見駅
↓
高岡駅周辺をおさんぽ
↓
ランチはまつやで五箇山料理
↓
五箇山の相倉合掌造り集落を散策
↓
五箇山和紙の里で和紙の歴史を学ぶ
↓
JR新高岡駅にあるものづくりギャラリー
&ショップ「MONONO-FU」で
おみやげさがし

ことりっぷ co-Trip **富山** 立山黒部・五箇山

CONTENTS

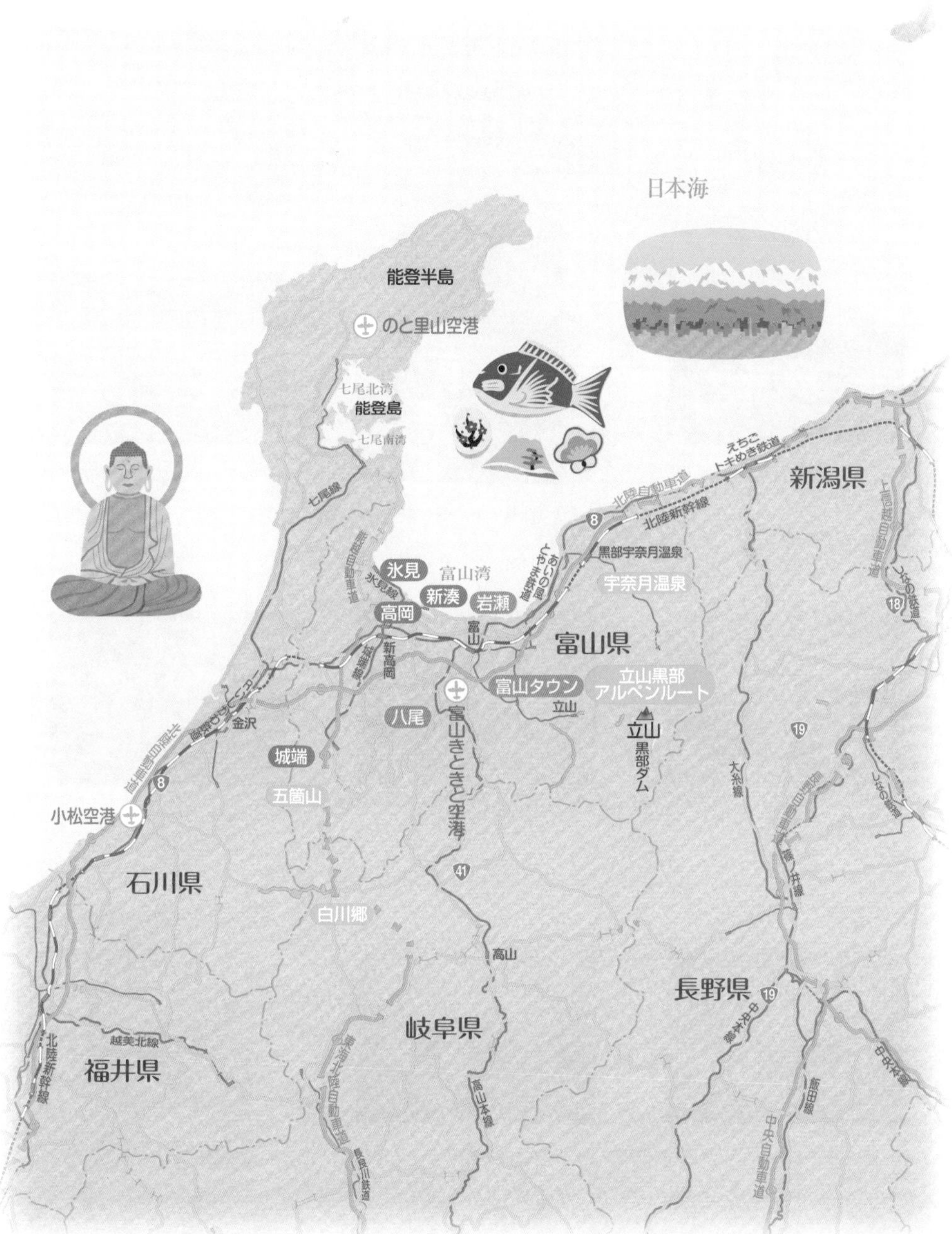

日本海
能登半島
のと里山空港
七尾北湾
能登島
七尾南湾
七尾線
能越自動車道
氷見
氷見線
富山湾
新湊
岩瀬
高岡
新高岡
城端線
富山
あいの風とやま鉄道
北陸自動車道
えちご
トキめき鉄道
北陸新幹線
黒部宇奈月温泉
宇奈月温泉
新潟県
上信越自動車道
しなの鉄道
富山県
富山タウン
立山黒部
アルペンルート
立山
立山
黒部ダム
富山きときと空港
八尾
城端
五箇山
金沢
小松空港
石川県
白川郷
高山
大糸線
長野自動車道
篠ノ井線
長野県
岐阜県
福井県
越美北線
北陸新幹線
東海北陸自動車道
高山本線
長良川鉄道
中央本線
飯田線
中央自動車道

富山の四季アルバム

四季の移ろいによってさまざまな表情を見せる富山の自然。
山にも海にも祭りにも、その土地ならではの絶景が待っています。
あなたはどの季節に訪れますか？

4月下旬～5月上旬が見頃。
砺波のチューリップ

富山市松川べりの桜と市電

3月下旬～6月上旬に見られる魚津の蜃気楼

美しい緑が広がるみくりが池

8月1～7日に開催、高岡七夕まつり

初秋の風物詩、越中八尾のおわら風の盆

南砺市のこきりこ祭りは9月25・26日開催

紅葉に染まる黒部峡谷のトロッコ電車

静けさに包まれる五箇山の雪景色

富山タウン 岩瀬・八尾

海と山に囲まれた自然豊かな富山。
美しい景色や、おいしい特産品など
魅力がいっぱいの富山駅周辺には
美術館や工芸店などおしゃれで文化的なスポットが集まり、
とれたての新鮮な海の幸を味わえる
お店もたくさんあります。
街の散策を楽しんだ後は、
おいしい魚と地酒をたっぷり味わいましょう。

富山タウン・岩瀬・八尾を さくっと紹介します

**富山県の玄関口の富山駅周辺には、飲食店やショップのほか
古い街並みが残る岩瀬や八尾など観光スポットがたくさん。
出発前に知っておきたい観光情報やお得な情報を紹介します。**

富山駅で、旅の情報を集める

富山駅内の観光案内所で情報を手に入れて

富山駅構内の観光案内所には、富山市だけでなく、富山県全体のパンフレットがそろい、詳しい観光情報も聞くことができます。富山駅に到着したらまずは立ち寄ってみましょう。
とやま観光案内所／富山駅観光総合案内所 🕒8:00～20:00

富山タウンの移動は市内電車の利用が便利

市内電車は6系統あり、観光に便利なのは市内中心部をめぐる環状線。1周約25分を約15分間隔で運行。運賃は1回210円。バスにも乗れる市内電車・バス1日フリーきっぷは650円とお得です。
富山地鉄テレホンセンター
☎076-432-3456

コミュニティサイクルアヴィレの利用も便利

富山市では中心市街地に設置されたステーションで自転車を借り、返却するコミュニティサイクル・アヴィレを導入。提携窓口で申し込む1日パスとWEBで申し込む2日パスがある。どちらも基本料500円＋利用料が必要で、30分以内なら利用料は無料。詳しくは下記URLをチェック。
シクロシティ HP www.cyclocity.jp

市内電車乗り放題券＋クーポンのお得なきっぷ

富山地方鉄道では、市内電車の1日乗車券と、ます寿司＆富山名物に交換できるクーポン2枚をセットにした「ぐるっとグルメぐりクーポン」を1000円で販売。乗車券は市内電車に1日何度でも乗り降り自由。ます寿司7店舗、富山名物8店舗で利用できるクーポンは2日間有効。クーポンが4枚で1500円のお得なチケットもあり。電鉄富山駅などで販売。
富山地鉄テレホンセンター
☎076-432-3456

越中八尾観光会館（曳山展示館）では、5月3日の越中八尾曳山祭で使われている、豪華絢爛で芸術的な曳山を見ることができる。
MAP 41

江戸時代にタイムスリップ
八尾《やつお》 P.40

格子戸の町家や白壁の土蔵が建ち並ぶエリア。諏訪町本通りは日本の道100選にも登録。

岩瀬カナル会館は、岩瀬の観光拠点として最適なスポット。おみやげの販売やレンタサイクル、飲食店などがある。

MAP 39

江戸の面影を色濃く残すエリア

岩瀬 P.38

いわせ

江戸時代、北前船により多くの富と文化がもたらされた町。今でも当時の街並みが残されている。

コンパクトな街づくりを実践中

富山タウン P.16

とやまタウン

富山県の中心地。コンパクトシティを掲げ、公共交通機関が発達しているため、町歩きがしやすい。

富山全域にわたる物産・お酒・水・薬・工芸品などが並ぶアンテナショップ「ととやま」。

P.35

富山城天守閣内にある富山市郷土博物館では、400年以上にわたる富山城の歴史について、資料や映像、模型で紹介している。

MAP 付録① B-2

2024年3月に北陸新幹線金沢～敦賀が開業、富山へのアクセスもより便利になりました。

美しい公園を中心にアートさんぽ
富山駅北口の心躍るスポットへ

**富山の玄関口・富山駅の北口エリアは、
公園を中心に注目のスポットが集まっています。
アートに触れながら、ちょっとお散歩してみませんか。**

1 芝生の広がる水辺公園。運河クルーズも楽しめる 2 4〜11月の月1回カヌー体験などのイベントが開催される 3 季節によって四季折々の演出を行うライトアップ 4 北陸の食材にこだわった料理が堪能できる「La BOMBANCE 環水公園」 5 ガラス張りの店内。夜は柔らかな光で美しい光景に

緑の美しい洗練された水辺の公園

富岩運河環水公園

ふがんうんがかんすいこうえん

水辺空間の豊かさを表現した広さ9.8haの公園では、四季折々のイベントを開催。泉と滝の広場や遊歩道など、美しい景観に驚かされる。

公園 ☎076-444-6041
住所 富山市湊入船町
営業時間 入園自由 P あり
交通 JR富山駅から徒歩9分
MAP 付録① B-1

美食と憩いの体感エリア

環水テラス

かんすいテラス

「点点茶」では本格的な中国茶のほか、スイーツティーも味わえる

カフェ「点点茶」、創作和食店「La BOMBANCE 環水公園」、バー「E-bar」、韓国料理「李南河」が入った飲食施設。富岩運河環水公園に隣接し、ガラス張りの店内からは公園の美しい景色が楽しめる。

複合施設 ☎店舗により異なる 住所 富山市下新町35-23 営業時間 店舗により異なる P あり 交通 JR富山駅から徒歩15分
MAP 付録① B-1

ぐるっと回って

2時間

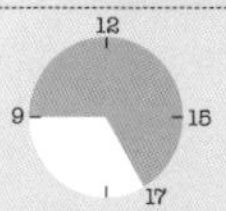

おすすめの時間帯

富山駅北口から徒歩9分ほどで富岩運河環水公園に着きます。美術館や公園をゆっくり眺めたい方は、より長く時間を見ておくと安心です。

優雅に運河クルーズ

環水公園を発着する富岩水上ラインは、国指定重要文化財の中島閘門や岩瀬をめぐるクルーズ船。"水のエレベーター"をぜひ体験してみて。
☎076-482-4116

三沢厚彦《Animal 2017-01-B》

富山県美術館©小川重雄

©富山県美術館

1 彫刻家・三沢厚彦が手がけたクマの作品。大中小の大きさがあり、撮影にぴったり 2「ふわふわ」「ひそひそ」など擬音語・擬態語を意味する、オノマトペからデザインした遊具で遊べる屋上庭園 3 ポスターや椅子のデザイン作品のコレクション展示も楽しめる 4 建物は内藤廣設計。内装は富山県産素材を使用する箇所も多い 5 ショップでは展示やコレクションに関連したグッズや書籍を販売

アートとデザインをつなぐ美術館

富山県美術館

とやまけんびじゅつかん

富岩運河環水公園内にある美術館。ピカソをはじめ、世界的な名画やポスターなどのデザイン作品を鑑賞できる。アトリエでは創作体験も楽しめる。

美術館 ☎076-431-2711 富山市木場町3-20 🕒9:30～17:30 休水曜（祝日は除く）、祝日の翌日 ¥コレクション展300円（企画展は展覧会により異なる） Pあり バス停富山県美術館からすぐ MAP付録① B-1

富山の旬の彩り"コンポジション"プレート1980円

立山連峰を臨む窓辺の借景アフタヌーンティー 3015円

アートとイートにこだわった美術館内レストラン

BiBiBi & JURULi

ビビビとジュルリ

富山県美術館所蔵のアートにインスパイアされた感性と食欲を刺激するメニューが楽しめるレストラン。富山の食材にこだわり作られた料理やスイーツ、ドリンクを、立山連峰が一望できる空間でいただける。

レストラン ☎076-482-3037 🕒11:00～21:00（ディナー要予約） 休水曜（美術館休館日に準じる） MAP付録① B-1

富山県内の美術館や博物館などがお得に利用できる「アートのまちめぐりパスポート」もチェックして。

街全体がミュージアム
ガラスの街とやまをお散歩

**富山市内には文化や美に触れられるスポットがたくさん。
ガラスアートについて学んだあとは、
自分だけの美しいガラスを実際に作ってみませんか。**

1富山県産の杉を使用した館内。温もりがあり吹き抜けが開放的 2外観は立山連峰をイメージしている 3美術館所蔵の現代ガラス美術作品を展示するコレクション展（コレクション展「かさねのガラス」展示風景、撮影：末正真礼生） 4富山ゆかりの作家の作品を展示するグラス・アート・パサージュ※展示替えあり 5TOYAMAキラリ内にある「Cafe小馬キラリ店」。美術鑑賞の余韻が楽しめる空間

現代ガラスアートが楽しめる
富山市ガラス美術館 とやましガラスびじゅつかん

市内にある複合施設「TOYAMAキラリ」内に併設しているガラス美術館。建築家隈研吾が設計を手がけ、ガラス、アルミ、御影石を組み合わせた美しい外観が目を引く。現代ガラスアートの巨匠デイル・チフーリの工房が制作した作品や富山ゆかりの作家の作品を中心に、常設展示・企画展示などさまざまなガラスアートを堪能できる。また、併設の図書館やカフェでくつろげるのも魅力。

☎076-461-3100 ⌂富山市西町5-1 ◷9:30〜18:00（金・土曜は〜20:00）㊡第1・3水曜 ¥200円（常設展）※展覧会により異なる Pなし 🚶市電西町電停からすぐ MAP付録① B-3

ミュージアムオリジナルグッズをチェック！

手ぬぐいkirakira
1650円

手ぬぐいmaru
1650円

クリアファイル
隈研吾
360円

マスキングテープ
コシノアオ(左)・コシノヒスイ(右)
各300円

開放的でおしゃれな図書館があります

TOYAMAキラリ内・富山市ガラス美術館と併設している富山市立図書館本館。館内には「ガラス芸術資料コーナー」を設置しています。

ガラス工房で オリジナルガラス作り

START!

①吹きガラス体験〈Aコース〉では、ガラス作家による基本説明を受けてから、スタート。まずは棒の先にガラスをくるくる巻き付けます

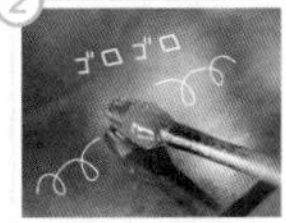

②テーブルの上にガラスを乗せ、回しながら形を整えていきます

③粉状の色ガラスを降りかけて、色付けをします

④棒をくるくると回しながら、息を吹いて、ガラスをふくらませていきます。これが、なかなか大変

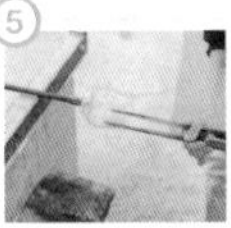

⑤木の板を使って底の形を整え、柔らかくなったガラスの口を広げます

完成!

約1時間で完成。
一週間後に受け取れます

富山のガラス作家が集まる開かれた工房施設

富山ガラス工房

とやまガラスこうぼう

吹きガラス体験コース〈Aコース〉3700円（材料・保険込み）では、グラスや一輪挿しなどの作品を作ることができる。ガラス作家が近くでサポートしてくれるので安心。

☎076-436-3322（体験受付）⌂富山市西金屋85 ⏰9:00～16:00 休無休 ¥入館無料、吹きガラス体験は2900円～ Ⓟあり バス停ファミリーパーク前から徒歩5分 MAP付録③ B-2

\\ 立ち寄りましょう //

カフェ

季節のジェラートがバラのように盛りつけられた季節のフルーツパフェ 900円

芸術的なスイーツ

Glass Cafe Clie

グラスカフェクリエ

「富山ガラス工房」に併設しているカフェ＆ギャラリー。ガラス作家が制作したグラスでドリンクが味わえる。パフェや食事のメニューも。

☎076-471-7299
⌂富山市古沢152
⏰10:00～17:00

日常使いから工芸品も取扱う

ショップ

県内問わずガラス作家の作品を展示・販売する。また1年を通して企画展も行われ、ガラスの魅力を伝えている。

☎076-436-2600
⌂富山市古沢152 ⏰9:00～17:00

アイコン的存在の一輪挿しは、ToyamaGlassのひとつである「薬瓶」をイメージして作られたシリーズ

富山ガラス工房で展示・販売されている所属するガラス作家の作品は、オンラインショップでも購入できます。

文学館、美術館にカフェ…
富山タウンでアートな一日

富山市中心部には文学館や美術館、美しい公園が集まっています。
市電やバスも充実しているのでうまく利用して、
芸術鑑賞を心ゆくまで楽しんで。

高志の国文学館

こしのくにぶんがくかん

富山ゆかりの作家などを紹介

万葉集の時代から現代に至るまで富山ゆかりの文学を幅広く紹介。富山出身の漫画家、藤子不二雄Ⓐ、藤子・F・不二雄などを紹介するコーナーも。

☎076-431-5492 住富山市舟橋南町2-22 時9:30～18:00 休火曜（祝日の場合は翌日休）¥常設展200円（企画展は展覧会により異なる）Pあり 交市電県庁前電停から徒歩5分 MAP付録① A-2

富山県水墨美術館

とやまけんすいぼくびじゅつかん

日本文化の美を再認識して

水墨画など特色のある日本文化の美を広く紹介する美術館。常設展では、竹内栖鳳、横山大観など近代の優れた水墨画を系統的に展示している。

☎076-431-3719 住富山市五福777 時9:30～17:30 休月曜（祝日の場合は翌日休）¥企画展によって異なる Pあり 交市電トヨタモビリティ富山 Gスクエア五福前（五福末広町）電停から徒歩10分 MAP付録① A-2

庭園のしだれ桜は富山県水墨美術館のシンボルツリー

美術館めぐりにおすすめのセット券

県内の美術館や博物館で利用できるお得な「アートのまちめぐりパスポート」。施設ごとに定められたポイント分のチケットと引き換えに入館できます。

16

17

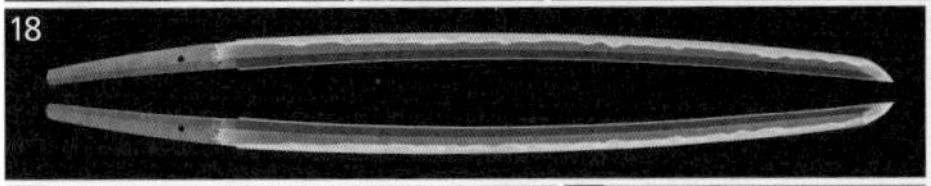
18

21

19

20

22

23

12345678「高志の国文学館」。ライブラリーでは富山ゆかりの小説や漫画など2000冊以上を無料で読むことができる
9101112「富山県水墨美術館」。映像ホールにて水墨画の魅力を伝えるオリジナル映像を上映。また図書コーナーでは、日本の美に関する書籍の閲覧ができる
1314151617「ギャルリ・ミレー」。53点の収蔵作品をテーマに分けて常設展示するほか、企画展やイベントも定期的に開催している
181920212223「秋水美術館」。黒を基調とし、鎧・兜をイメージした重厚で趣のある佇まいの外観。鑑賞室は地鉄や刀文が見えやすいよう特別設計されている

ギャルリ・ミレー

自然とともに生きる名画を堪能

フランス絵画の巨匠・ミレーをはじめ、世界の名画を鑑賞できる美術館。まちなかの一角にありながらも、神秘的な空間でゆったりと絵画を愉しめる。

☎076-423-7220 住富山市中央通り2-1-20 ⏰10:00～16:30 休月曜（祝日の場合は翌日休）、祝日の翌日 ¥300円 Pなし 👣市電西町電停から徒歩5分 MAP付録① B-2

秋水美術館

しゅうすいびじゅつかん

心を豊かにする日本美術の世界

日本の刀や刀装具と中世から現代に至るまでの絵画、工芸作品を軸に所蔵する美術館。多彩な企画展も実施される。

☎076-425-5700 住富山市千石町1-3-6 ⏰10:00～16:30 休月・火曜 ¥800円 Pあり 👣市電大手モール電停から徒歩5分 MAP付録① B-3

ここでひと休み

スターバックス コーヒー 富山環水公園店

スターバックスコーヒー とやまかんすいこうえんてん

スターバックス ラテ short 455円

スターバックス初の公園内の店舗として2008年に誕生。大きな窓の外には、美しい運河や公園のシンボル天門橋が広がる。☞P.16

☎076-439-2630 住富山市湊入船町5 富山富岩運河環水公園 ⏰8:00～22:30 休不定休 Pあり 👣JR富山駅から徒歩14分 MAP付録① B-1

路面電車沿線MAPや富岩水上ラインチケットなどを持参すると、お得に入館できる施設もあります。

市内を走るレトロ電車で ゆったり街歩き

**富山市内を走る路面電車の中でもひと際目を引く、
グリーンとベージュのレトロ電車。
かわいい車体に揺られて街を散策してみましょう。**

START

電車で13分

富山駅
とやまえき

電鉄富山駅で市内電車・バス1日フリーきっぷ650円を購入し、一番近い富山駅から電車に乗り込み、いざ出発。

インフォメーション

レトロ電車とは？

富山市内電車の開業100周年を記念して、昭和40年製の車両をリニューアル。車内もレトロでかわいいと人気です。土・日曜、祝日に富山駅～南富山駅前を14往復、富山駅～富山大学前を8往復。HPで運行時間を確認のうえ利用を。市内電車とバス（富山駅前から280円区間）が1日乗り放題のお得なフリーきっぷも販売。こちらも要チェック。

☎076-421-2631（南富山運転区）¥1回210円（料金は降車時に支払い）、市内電車・バス1日フリーきっぷ650円（電鉄富山駅、南富山駅前、富山地鉄乗車券センターなどで販売）

レトロ電車運行ルート

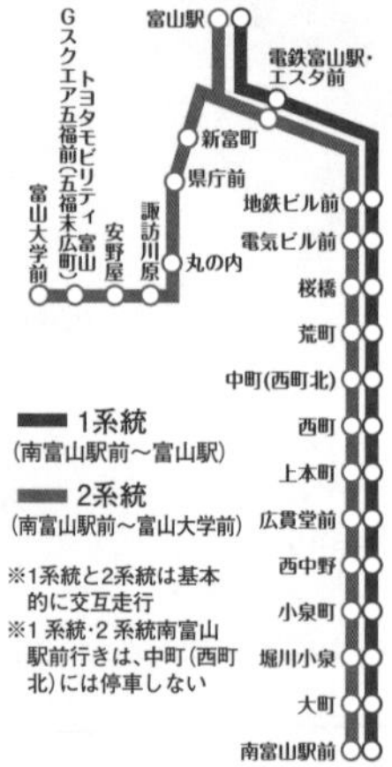

※1系統と2系統は基本的に交互走行
※1系統・2系統南富山駅前行きは、中町（西町北）には停車しない

松川遊覧船 まつかわゆうらんせん

船上から四季折々の景色を楽しむ

かつて蛇行していた神通川のなごりである松川を約30分で周遊する遊覧船。春は華やかな桜、桜のあとには新緑、そして秋には鮮やかな紅葉が楽しめる。

遊覧船 ☎076-425-8440 ⌂富山市本丸1-34（乗船場）🕓3月中旬～11月、10:00～17:00 休期間中月曜、祝日の翌日 P1800円（桜開花中は2600円）‼市電県庁前電停から徒歩6分 MAP付録① B-2

1川岸に植えられたソメイヨシノが咲く姿は見事
2水面に映された紅葉も美しい

電車で11分

県庁前

レトロ電車の車両デザインは水戸岡鋭治氏

「ななつ星in九州」などを手がけたことで知られる水《み》戸《と》岡《おか》鋭《えい》治《じ》氏がデザインを担当。木の床やベンチ、当時の天井照明とクラシカルな雰囲気を演出しています。

西町

館内は開放的で明るい吹き抜けになっていて、居心地の良いおしゃれな空間

富山市立図書館本館

とやましりつとしょかんほんかん

複合ビル「TOYAMAキラリ」内にある図書館

一般図書、児童図書約45万冊の蔵書に加え、気軽に読めるファッション誌からビジネス誌・芸術誌など専門性の高いものまで約500タイトルがそろう。

図書館 ☎076-461-3200 ⌂富山市西町5-1 ⏱9:30～19:00（金・土曜は～20:00、3階児童図書フロアは～18:00）休原則第1水曜、蔵書点検期間 Ⓟなし ‼市電西町電停からすぐ MAP付録① B-3

徒歩で3分

1富山を代表する和漢胃腸薬「越中反魂丹」1980～6600円 2丸薬作りの実演を見学できる 3老舗の風格が漂う白壁土蔵造りの外観

西町

池田屋安兵衛商店

いけだややすべえしょうてん

名薬や薬草が並ぶ座売りの老舗

時代劇の世界を思わせる座売りの販売スタイル。客の症状や悩みに応じて、自家製和漢薬や200種類以上の薬草を処方してくれる。

和漢薬 ☎076-425-1871 ⌂富山市堤町通り1-3-5 ⏱9:00～18:00 休無休 Ⓟあり ‼市電西町電停から徒歩3分 MAP付録① B-2

徒歩で2分

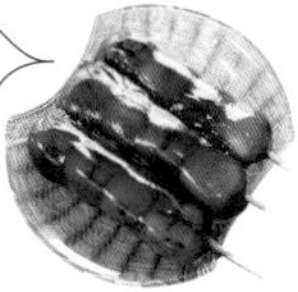

黒砂糖蜜を絡めたあやめ団子各130円

石谷もちや いしたにもちや

西町

朝つきのお団子を

明治後期に石谷せんべい屋として創業。もち米の王様といわれる、富山県産の新大正もち米を使ったあやめ団子が名物。

和菓子店 ☎076-421-2253 ⌂富山市中央通り1-5-33 ⏱9:30～17:30（売り切れの場合は～17:00頃）休火・水曜 Ⓟなし ‼市電西町電停からすぐ MAP付録① B-2

市電はレトロ電車が走る路線のほかに、市内中心部をぐるりと回る環状線があります。

地元の旬の魚を使った
きときとのお寿司を味わいましょう

富山の方言で活きがいいことを意味する“きときと”。
「富山湾鮨」が味わえる本格寿司店と気軽に楽しめる回転寿司店をご紹介します。
きときとの魚を使ったお寿司を心ゆくまで堪能しましょう。

高級店の佇まいながらリーズナブル

美乃鮨 みのずし

東京・目黒で長年寿司店を開いていた先代が1989（平成元）年に創業。現在は2代目のご主人が営む。四方《よかた》や氷見でとれる30種以上のネタが常時カウンターに並び、鮮度抜群で見た目にも美しい握りが提供される。

☎076-422-3034 ⌂富山市丸の内2-3-4
🕒11:30～13:30、17:30～20:30 休日曜、祝日の月曜 Pあり ‼市電丸の内電停からすぐ
MAP付録① A-2

目の前で握ってくれるカウンターは特等席

高級感のある店構え

こちらもCHECK

「富山湾鮨」の日替わり小鉢
前日までに富山湾鮨を予約すると、小鉢が付く。この日は富山名物のコバイの煮付け。

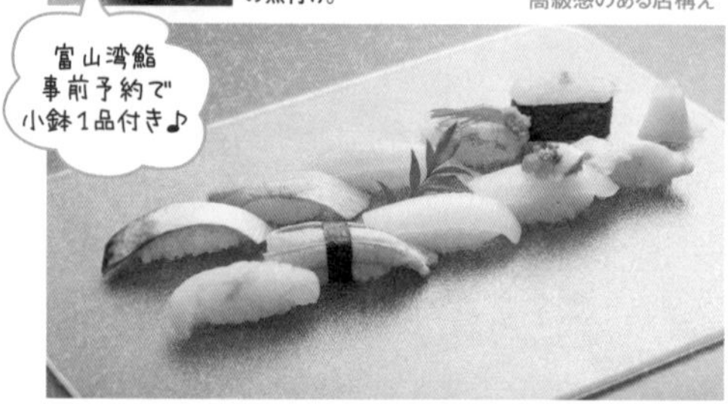

季節で内容が変わる地魚10種の富山湾鮨3300円。どれも身がプリプリでとっても新鮮。ほかにも、ランチ（握り7種、巻物1本）2200円～もあり

とれたての高級魚を盛り込んだ富山湾鮨5500円

食材へのひと手間が光るにぎり鮨

美喜鮨本店 みきずしほんてん

市場や浜から毎朝仕入れる旬の魚や地魚が、3代続く老舗の技で繊細で美味しい鮨ネタへと変身。一品料理も充実し、料理に合う地酒やワインなどとマリアージュも楽しめる。

☎076-432-7201 ⌂富山市桜町1-7-5
🕒11:30～13:30、17:00～21:30（ネタがなくなり次第終了）休水曜 Pなし
‼JR富山駅から徒歩3分 MAP付録① B-2

落ち着いた空間

こちらもCHECK

黒墨巻900円
イカの黒作りのねっとりとした味わいがたまらない細巻き。真っ黒な見た目がインパクト大で、くせになる味。

富山を代表する四季の旬ネタ

春

シロエビ
透明な姿が美しい富山湾の宝石。トロリとした甘さがクセになる。

ホタルイカ
産卵のために富山湾にやってくるので丸々と肥え、とくに美味。

夏

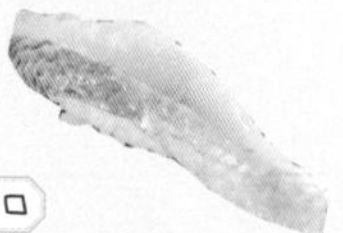
ノドグロ
全国でも人気が高い、幻の高級魚。白身魚のトロといわれる。

本マグロ
日本海を回遊し、脂が乗った状態で富山湾に入る。脂の旨さは格別。

約50の寿司店が提供する富山湾鮨

美乃鮨、美喜鮨本店などで提供する「富山湾鮨」とは、県内の加盟店による、富山湾の新鮮な海の幸と県産米を使ったお寿司のこと。10貫2700～5500円です。

老舗寿司店が開いた回転寿司店

廻る富山湾 すし玉 富山掛尾店 まわるとやまわんすしたまとやまかけおてん

70年以上続く老舗「金澤玉寿司」が開いた回転寿司店。ネタは親方自ら富山や金沢の港で買い付け、寿司に合うオリジナルしょう油や甘ダレを使用する。店舗は、富山駅のきときと市場 とやマルシェ内にもある。

076-491-1897 富山市掛尾栄町5-8
11:00～20:45 休 無休 P あり
バスに停今泉からすぐ
MAP 付録① B-4

平日は味噌汁が無料セルフサービス

こちらもCHECK

ねぎトロ330円(2貫)

圧巻のボリュームのねぎトロ。軍艦部分からあふれそうなほど盛り上がっている。話のタネに、一度はチェックしたい一品。

富山湾盛り770円と能登・輪島産、自家製ダレの焼穴子550円

茶碗蒸し、みそ汁付き数量限定ランチメニュー「The氷見」1815円

氷見港直送の朝どれネタが自慢

氷見回転寿司 粋鮨 富山店 ひみかいてんずしいきずしとやまてん

氷見港で毎朝揚がる海の幸を、富山市内で味わえるお店。魚本来の旨みを引き出すため、仕入れた魚は市場内で水洗いをするこだわりぶり。手間ひまをかけて仕込んだ自家製の鮨ネタも豊富で味わう楽しみがたくさん。

076-451-0808 富山市飯野8-4
11:00～21:00 休 無休 P あり
JR富山駅から車で14分
MAP 付録③ B-2

白い看板が目をひく外観。広々としたボックス席とカウンター席がある

こちらもCHECK

イカゲソ酒盗焼き715円

季節によって種類が変わる、富山湾産イカのゲソに、酒盗とバターをからめた焼きたてを楽しめる一品。

秋

ベニズワイガニ

水深450～2500mに生息。上品でジューシーな甘みが特徴。

冬

アマエビ

甘くとろける舌触り。新鮮なアマエビならではの青い卵も美味。

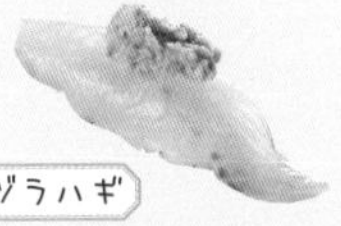

ウマヅラハギ

淡白でぷりぷりの歯ごたえがある。肝はこっくりと旨く、甘い。

ブリトロ

初冬から富山湾にやってくる寒ブリは、格別脂がのって身はまろやかな味。

富山湾は"天然の生け簀"とも呼ばれ、漁場と漁港がとても近いため、新鮮な魚が短時間でお店に届きます。

ます寿しに白えび、ブラックラーメン…富山の県民グルメ

富山を訪れたら、ぜひとも食べておきたい名物料理をご紹介。
地元の人から長年愛されている味がそろっています。
食べてみれば、愛されてきた理由がわかることうけあいです。

源のますのすし1800円

地元の人も月に1度は食べるという押し寿司。人それぞれにご贔屓の店があるそう。

ます寿し

爽やかな香りがする笹でます寿しを包んで押し、完成させる富山が生んだ名産品。人気駅弁としてファンが多く存在する。

全国の人気駅弁に押し上げた老舗

ますのすし本舗 源 JR富山駅構内売店《ますのすしほんぽみなもと ジェイアールとやまえき こうないばいてん》

ます寿しを全国の人気名産品に押し上げるのに貢献した駅弁老舗。ます寿しを販売して100年以上の歴史を誇る。旨みがしっかり感じられ、ほどよく脂がのったマスと富山県産米の酢飯が絶妙な味わい。

☎076-431-2104
住 富山市明輪町1-225
時 7:00～21:00 休 無休
P なし 交 JR富山駅構内
MAP 付録① B-1

駅構内にありとっても便利

白えび天丼

国内では富山湾でしか水揚げされない、富山の特産・白えびをたっぷり使った天丼。白えびの上品な甘さがクセになる。

白えび料理ならお任せ

白えび亭《しろえびてい》

県外へ白えびのおいしさを広めた白えび料理専門店。お店イチオシの白えび天丼は、衣が薄く、白えび本来の甘さが感じられ、しょう油ダレも美味。持ち帰りも可。自慢の白えび刺身丼もぜひ食べてみて。

☎076-433-0355 住 富山市明輪町1-220 きときと市場とやマルシェ内
時 11:00～20:00 休 無休 P なし
交 JR富山駅構内
MAP 付録① B-1

店内のモットーは明るく気軽に入ることができる食堂

「富山湾の宝石」と呼ばれる白えび。全長6～7cmと大きく、天ぷらでも身がしっかりしています。

白えび天丼1490円、白えび刺身丼2800円

まだまだあります、富山県の名物グルメ

富山湾で獲れた魚を使ったお寿司P.24や氷見の寒ぶりP.64なども富山ならではのグルメ。市によって味わえるネタもさまざまです。

富山ブラックラーメン

戦後、街の復興のために働く人々のエネルギー補給のために「おかずになるラーメン」として作られたことが始まりといわれる。

中華そば小(並)
950円

衝撃的な真っ黒スープが特徴のラーメン。B級グルメとして、県民に親しまれています。

富山ブラックラーメンの元祖

西町大喜 とやマルシェ店

にしちょうたいきとやマルシェてん

1947（昭和22）年に創業の富山ブラック発祥の店。濃厚なしょうゆスープにたっぷりチャーシュー、太めの麺と粗挽き黒コショウが特徴。

富山駅構内にあるとやマルシェ店

076-471-8107 富山市明輪町1-220 きときと市場とやマルシェ内 10:00～21:15 休無休 Pなし JR富山駅構内 MAP付録① B-1

富山おでん

オーソドックスなおでんに、県民が愛するとろろ昆布をかけたご当地グルメ。ダシは店ごとにさまざまだが比較的薄味。

大根、すす竹
各200円

富山県は昆布の消費量が全国トップクラス。おでん、おにぎり、パンなんでも使われています。

富山おでんと言えば、ココ

おでんや

常時25種類ほどがそろい、玉子、こんにゃくなど各100円～。どれも食べ応えたっぷりで薄味のだしがしっかりとしみ込んでいる。

076-423-0677 富山市一番町6-5 17:00～23:00 休日曜（日・月曜の連休の場合は月曜休） Pなし 市電グランドプラザ前電停から徒歩3分 MAP付録① B-3

こなもん

麺やパンなど“粉もん”が大好きな富山県民。長年愛されてきた富山ならではのお好み焼きの店がこちら。

お好み焼き（ミックス玉）1080円

ラーメン屋やベーカリーなど粉もんのお店が多い富山県。知る人ぞ知るツウのお店が点在します。

四角いフォルムが特徴

ぼてやん多奈加 富山駅前店

ぼてやんたなかとやまえきまえてん

40年以上にわたって親しまれている店。独特な四角い形は、生地に火を均等に入れるため。厚みのあるふわふわなお好み焼きはボリューム満点。

076-442-2152 富山市新富町1-2-3 CiC B1F 11:00～14:00、17:00～20:00（土・日曜、祝日は11:00～20:00） 休不定休 Pなし 富山駅からすぐ MAP付録① B-2

細工かまぼこは、結婚式の引き出物やお正月のお供物として昔からの名物。ミニサイズもあるので富山みやげにどうぞ。

富山の夜のお楽しみ
日本酒と新鮮な魚を気軽に居酒屋で

**富山県は、魚に加え、肉、野菜、お米など食材の宝庫です。
居酒屋では、日本酒だけでなく、富山ならではの旬の食材を使った料理が味わえるので、
地酒とともに気軽に夜の食事を楽しみましょう。**

季節に応じて、旬の食材をコースで味わえる。コースの中の一品鮎の塩焼き

1スタイリッシュな外観 2白子湯葉蒸し

おすすめmenu
コース料理…昼6600円～
夜8800円～

**いつもお客が絶えない
富山の人気店**

だい

オーナー自ら市場で厳選した新鮮な魚と富山ブランドの野菜や肉をたっぷり使い、3つのコースに仕立て提供。富山の季節の移ろいをコース料理の中で楽しめる。温もりのある器で味わってもらいたいと作家の器を使用。店内を改装し、居心地のよいテーブル席・カウンター席を備えている。

☎076-456-3773 富山市大手町6-7 ⏰12:00～14:00（要予約）、17:30～22:00 休日曜、不定休 Pなし 市内環状線国際会議場前からすぐ MAP付録① B-2

**明治創業の老舗酒屋が開く
完全予約制のバー**

酒家蔵部《さかやくらぶ》

1891（明治24）年創業の酒屋「石坂善商店」の店内に併設するバーで、季節ごとに入る新しい地酒を飲んでもらう場として2000年にオープン。県内全19蔵のお酒を扱い、蔵元とここでしか飲むことのできない日本酒も並ぶ。色々と飲み比べてもらいたいと、1杯（時価）から提供している。

☎076-425-3266 富山市中央通り3-4-3 石坂善商店内 ⏰18:30～22:00（要予約） 休不定休（HP要確認） Pなし 市電西町電停から徒歩10分 MAP付録① B-2

千代鶴純米吟醸1合660円や、お酒にぴったりなおつまみもあり

1店内には入手が難しい貴重な地酒をはじめ、富山産ワインなども並ぶ 2地酒や蔵元の話を聞きながら、ぐいっと1杯飲みたいカウンター席 3ふきのとう入りの自家製焼みそはワンプレートに含まれる

おすすめmenu
ワンプレート（おつまみセット）
…3300円

日本酒にも旬があります

日本酒は多くの酒蔵で1年に一度作ります。1、2月には新酒が登場し、生酒が楽しめます。春以降は火入れをして重厚な味わいに。

厳選鮮魚のお造り盛り合わせを富山の日本酒と一緒に味わって

1個室でゆったり食事を楽しめる 2ホタルイカの沖漬け980円 3紅ズワイガニの押し寿司1580円

おすすめmenu

炙りサバ棒寿司…1400円
げんげの天ぷら…950円

心を尽くしたおもてなしで
特別なひと時を

旬彩料理TAKU

しゅんさいりょうりタク

華やかに盛り付けられた料理が魅力の居酒屋。コース料理をメインに、鮮魚、肉料理、お食事まで、味はもちろん盛り付けにまでこだわったメニューが豊富にある。料理と一緒に選べるお酒も富山の全酒蔵を網羅した日本酒をはじめ、ワインや果実酒など様々なマリアージュが楽しめる。

☎076-471-6668 住富山市桜町2-5-2 俳優座ビル1F 時17:30～24:00（金・土曜、祝前日は～翌1:00） 休日曜（連休の場合は最終日休） Pなし 徒JR富山駅から徒歩5分 MAP付録① B-2

地元で愛される
王道をゆく割烹料理店

大衆割烹 あら川

たいしゅうかっぽうあらかわ

1967（昭和42）年創業の地元民に愛される大衆割烹。素材第一で、調味料はできる限り少なく、「素材を余すところなく使う」という料理長こだわりの料理が味わえる。旬の料理に合う、辛口の地酒も多数並び、時期によっては珍味も。和を基調とした落ち着いた店内でゆっくりと食事を楽しめる。

☎076-441-9369 住富山市桜町2-2-22
時17:00～22:30 休日曜、祝日
Pなし 徒JR富山駅から徒歩3分
MAP付録① B-2

漁師飯は、食事のシメにおすすめの一品。1人前990円～

1提灯が灯り、趣のある雰囲気 2名物小ばい煮はコリコリの食感 3カウンター席のほか2階共にテーブル席を完備

おすすめmenu

刺身の盛り合わせ（2～3人前）…3300円～
名物小ばい煮…1210円

富山の居酒屋では季節感にこだわり、メニューの日本酒の銘柄もどんどん変わっていきます。季節ごとに旬の味を楽しんで。

地元食材を洋風に味わう 富山タウンの人気レストラン

魚介はもちろん、地元ブランドの野菜や肉、米がそろう富山には、地元の食材をふんだんに使ったレストランがたくさんあります。こだわりの個人店から本場仕込みの本格店まで、美食三昧できちゃいます。

ランチコース1800円。メインの付け合わせには富山産の野菜がたっぷり

地場野菜のリゾット1870円。使用する野菜は時期により変わる。この日はビーツ

川沿いに佇む美しいレストラン

キュイジーヌ・フランセーズ ラ・シャンス

富山駅北口のシンボルパーク「富岩運河環水公園」の中にあるロケーションが良いフレンチレストラン。ランチコースは1500円から用意され、スイーツも豊富にそろう。散策の合間にランチやお茶で気軽に立ち寄って。

1Fブラッセリーの内観。地元の人々を中心に平日でも多くの人でにぎわう

フレンチ ☎076-445-1200 ⌂富山市木場町16-1 ⏰1Fブラッセリー 11:00〜13:30、18:00〜要予約（2Fは昼夜ともに要予約） 休火・水曜 Ⓟあり 🚶JR富山駅から徒歩15分 MAP付録① B-1

その時期の旬の味をシンプルに調理

イタリア料理 クオーレ《イタリアりょうりクオーレ》

シェフ自らも野菜を栽培し釣りをするという、食にこだわったお店。料理に使用する食材は、野菜の育ち具合やその日の釣果で変わるため、メニューもバリエーション豊か。素材の味を引き出した料理を食べればこころも体も元気になれる。SNSも要チェック。

ほっとくつろげるアットホームな店内。カウンターのほかテーブル席もある

イタリアン ☎076-493-2418 ⌂富山市西町8-2 ⏰18:00〜24:00 休水曜、不定休 Ⓟなし 🚶市電グランドプラザ前電停からすぐ MAP付録① B-3

とやまカン(寒)・カン(甘)野菜

富山の冬の寒さで美味しくなる「寒締めほうれんそう」や「雪中キャベツ」、「ハウス白ねぎ」など、16品目の野菜が冬季限定で出荷販売されています。

ランチタイムにお手軽にフレンチが楽しめるメニューA2750円

人気のランチコースMenu Conseille《ムニュ・コンセイエ》4620円

美しい庭園を眺めながら本格フレンチを

Brasserie et Salon de The Chez Yoshi

ブラッスリーエサロンドテシェヨシ

「高志の国文学館」の館内で、フランスで経験を積んだシェフによる、富山県産の食材で作った本格フレンチを気軽に楽しめるお店。旧知事公館の庭園を利用した美しい庭を眺めながら、贅沢なひとときが過ごせる。

窓から見える外の景色はまるでリゾートにいるかのよう

フレンチ ☎076-431-0533 ⌂富山市舟橋南町2-22 高志の国文学館内 🕒ランチ11:30〜14:00、カフェ14:30〜16:00、ディナー18:00〜20:00 休月・火曜 Pあり 🚶市電県庁前電停から徒歩5分 MAP付録① A-2

富山フレンチを厳選ワインとともに

chez Fujii シェフジイ

富山の幸を本場仕込みの技でアレンジした「富山フレンチ」が味わえる店。ランチ、ディナーは内容の異なるコースがあり、どれも新鮮な富山食材をたっぷりと使用。ワインとともに楽しむのがおすすめ。

優雅で落ち着きのある店内でゆっくりと食事を楽しめる

フレンチ ☎076-421-5887 ⌂富山市布瀬本町5-9 🕒12:00〜13:30、18:30〜21:00（ランチ・ディナーは前営業日20:00までに要予約） 休月曜、不定休 Pあり 🚶JR富山駅から車で11分 MAP付録① A-3

県内のレストランでは富山県産肉ブランド「とやま牛」や「とやまポーク」を扱う店も多いので味わってみては。

散策途中にほっとひと息
女性に人気のカフェ&ショップ

富山市内には、世界的建築家がデザインしたカフェや、
本格的なコーヒー店など、洗練された上質の癒し空間がたくさん。
散策に疲れたら、ちょっとひと息入れましょう。

白玉クリームあんみつ880円とブレンドコーヒー 490円

喫茶チェリオ

きっさチェリオ

1935(昭和10)年創業のレトロな喫茶店。現在、3代目店主が昔ながらの味を守っている。初代考案の自家製あんをたっぷり使った定番のあんみつ、プリンアラモード、パフェなど正統派喫茶店メニューが並ぶ。

10年以上前に移転したが、店内は創業当時のレトロな雰囲気を再現

喫茶店 ☎076-425-3404 住 富山市総曲輪3-6-15-18-1
営 10:00〜17:00 休 水曜 P なし
交 市電グランドプラザ前電停からすぐ MAP 付録① B-2

甘くカカオが濃厚なガトーショコラ600円

DINING 呉音

ダイニングくれおん

富山市舞台芸術パーク内にあるカフェレストラン。世界的建築家・隈研吾がデザインした、柱のない奇抜な建物が話題を呼び、県外からも多くの建築ファンが訪れる。フルーツたっぷりのフルーツパフェも人気。

柱はなく、木材を井の字に組んだだけで作られ、まるで洞窟のよう

カフェレストラン ☎076-434-5535 住 富山市呉羽町2247-3 富山市舞台芸術パーク内 営 11:00〜21:00 休 金曜 P あり 交 あいの風とやま鉄道呉羽駅から徒歩5分 MAP 付録③ B-2

店員さんがとってもフレンドリー

富山のカフェの店員さんは明るく、初めて訪れてもまるで常連客のように接してくれる方が多いです。ぜひ会話も楽しんで。

定番のふわもちプレーン205円と富山のスイートポテト302円

とべーぐる 富山店

とべーぐるとやまてん

富山県内7店舗、金沢に1店舗を構えるベーグル専門店。手作りにこだわり、富山県産米粉を使ったふわふわでもっちりとした食感が特徴。立山杉の温もりある台の上にベーグルが所狭しと常時並ぶ。

オーブンから出てきたばかりの「焼きたて」がズラリと並ぶ

ベーグル 076-492-6505 富山市平吹町5-12
11:00〜16:00 休 水曜、第2·3火曜 P なし
市電大手モール電停から徒歩6分 MAP 付録① A-2

焼き菓子280円〜とテイクアウト専門のスペシャルティコーヒー 540円〜

koffe

コッフェ

春は桜の名所として知られる松川沿いにあるスペシャルティコーヒーのビーンズショップ。素材にこだわり、より質の高い豆を求めて、産地視察にも赴く。素材の味を生かしたコーヒーにぴったりな焼き菓子も人気。

倉庫を改装した店内のカウンターには店主厳選のコーヒー豆が並ぶ

コーヒー 076-482-3131 富山市舟橋南町10-3
12:00〜18:00 休 木曜 P あり 市電県庁前電停から徒歩5分
MAP 付録① A-2

「とべーぐる」は富山市、高岡市、砺波市、射水市、滑川市、魚津市に店舗があります。旅先で見かけたら訪れてみてくださいね。

ちょっとの時間でさっと買える
富山駅周辺で手に入る定番&イマドキみやげ

気づいたらおみやげを買う時間が足りない…という時にも
富山駅周辺でかわいいおみやげが手に入ります。
お気に入りのひとつを見つけにいきましょう。

しっとりほどける新食感

くろみつ玉天

1300円(10個)
菓子司 林昌堂　SHOP A

しっとりしたメレンゲ生地に黄身をまとわせ焼き上げた、古くて新しい食感のたまごの和菓子。

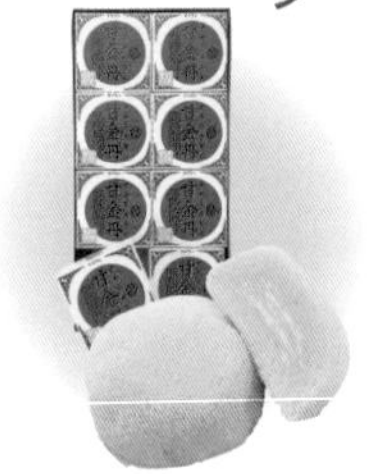

濃厚でなめらかなクリーム

甘金丹

SHOP A B

1922円(8個)　フルール・リブラン

きめ細かなふわふわのスポンジ生地の中に、なめらかなカスタードクリームが詰まった富山銘菓。

本格的な味を自宅やオフィスで

Dip Style(Brazil)

800円(5パック)
hazeru coffee　SHOP C

ローストナッツやアーモンドのような香ばしい味が特徴のティーバッグタイプのコーヒー。

魔法のように輝く模様

名刺入れ

4400円　SHOP A B
モメンタムファクトリー・Orii

高岡銅器の着色技法から生まれた名刺入れ。孔雀色（赤）、荒らし色（ピンク）など全5色展開。

富山米100%の新感覚
一口しろえびせんべい

スナックコメ子（袋）

SHOP A

216円　ささら屋

老舗米菓メーカーが手がける懐かしいけど、新しい米菓。ちょっとオトナな味が楽しい。

薬都で生まれた
薬玉のようなお菓子

反魂旦

SHOP A B

1350円(20個)　美都家

富山の売薬・反魂丹にちなんだ和菓子。チョコココア入りの生地で白餡を包んだ一口サイズの焼饅頭。

旅行に便利な富山駅

富山駅構内には、おみやげ店が並ぶ「とやマルシェ」や富山フードが味わえる「のれん横丁」、観光案内所やカフェなど旅にぴったりなお店がたくさんあります。

富山の風景を表現した
テキスタイルデザイン

マスキングテープ

418円（15mm幅） SHOP B
富山もようプロジェクト

ライチョウや立山、ガラスなど富山の特徴をモチーフにデザインされたマスキングテープ。タオルなど他グッズも展開中。

ます寿しをハーフサイズで

はんぶんこ

1100円 SHOP A
越中鱒寿し富乃恵

一人や二人で手軽に食べられる大きさがうれしいます寿し。7店舗が参加していて食べ比べも楽しめる。

濃厚な甘みと爽やかさ

国吉りんごジュース

200円（180ml）
国吉農林振興会 SHOP D

高岡市国吉地区産のりんごの果汁100%の果肉入りりんごジュース。りんごの甘みだけで作った子どもも大人も大好きなドリンク。

氷見漁師町で醸す
クラフトビール

とやま銀シャリラガー

780円
BREWMIN' SHOP C

富山県産の「コシヒカリ」「富富富」をブレンドして炊き、原料に使用。富山のうまいもんと合わせやすいビール。

A

きときと市場 とやマルシェ
きときといちばとやマルシェ

076-471-8100 富山市明輪町1-220 物販9:00〜20:30、飲食10:00〜21:30 休 不定休 P あり JR富山駅構内 MAP 付録① B-1

B

ととやま

076-444-7137（いきいき物産） 富山市新富町1-2-3 CiCビル1F 10:00〜20:00 休 第3火曜、不定休 P なし JR富山駅からすぐ MAP 付録① B-2

C

SOGAWA BASE
ソウガワベース

店舗により異なる 富山市総曲輪3-4 休 水曜 P なし 市電中町電停からすぐ MAP 付録① B-2

D

D&DEPARTMENT TOYAMA
ディアンドデパートメントトヤマ

076-471-7791 富山市新総曲輪4-18 富山県民会館1F 10:00〜19:00 休 施設の休館日に準じる P あり 市電県庁前電停から徒歩6分 MAP 付録① B-2

「ととやま」が入るCiCビルの前には富山の売薬さん像があります。一緒に記念撮影はいかが。

富山タウンと八尾で見つけた すてきなおみやげ

老舗の定番商品から新しい名物まで、
富山らしくてきっと喜ばれるおみやげをそろえました。
旅の思い出に持ち帰りたいのはどのアイテム？

驚きと情熱が詰まったマカロン

Monsieur J

ムッシュー・ジー

マカロン／10個入（ギフト）4179円

フランス人パティシエが作る超本格マカロン。常時20種類が店頭に並び、中でも人気は富山の蔵元とコラボで誕生した地酒マカロン367円。

☎076-461-5242 ⌂富山市磯部町2-7-22 ◷10:00～18:00 休月・火曜 Pあり 🚶市電安野屋電停から徒歩7分 MAP付録① A-3

創業約350年、老舗の麦芽あめ

島川あめ店

しまかわあめてん

麦芽水あめ（140g）／648円～

1663（寛文3）年創業のあめ店。でんぷんと麦芽と米のみを使い、伝統の製法で作られる水あめはやさしい甘さ。調味料としても使えて便利。

☎076-425-5104 ⌂富山市古鍛冶町6-7 ◷10:00～18:00（11～2月は～17:00） 休水曜 Pあり 🚶市電西町電停から徒歩4分 MAP付録① B-3

体にやさしくおいしいおやつ

富山大和 地下1階ふるさと名産品コーナー

とやまだいわちかいっかいふるさとめいさんひんコーナー

薬都とやまのめぐみ 食やくスイーツ／ミニ9個セット3160円

しょうが、えごま、ハト麦など体に良いとされる地元食材を使った富山らしいスイーツ。中身はクッキーやタルトなどの焼き菓子、9種の詰め合わせ。

※品切れの場合があります

☎076-424-1111 ⌂富山市総曲輪3-8-6 富山大和B1F ◷10:00～19:00 休水曜不定休 Pあり 🚶市電グランドプラザ前電停からすぐ MAP付録① B-2

富山を代表する和漢薬店の葛根湯

池田屋安兵衛商店

いけだややすべえしょうてん

いけだや葛根湯（3日分）／1650円

1日分を分量の水で半分に煮詰め、煎じて飲むタイプ。熱いうちに飲むとかぜの初期症状に効果が高いと評判で、レトロな包装も人気。

☎076-425-1871 ⌂富山市堤町通り1-3-5 ◷9:00～18:00 休無休 Pあり 🚶市電西町電停から徒歩3分 MAP付録① B-2

八尾和紙のこれから

現在八尾和紙を生産しているのは桂樹舎のみ。若手からベテランまで約20名の後継者が伝統の技を守っています。

はちみつたっぷり濃厚プリン

パウンドハウス富山

パウンドハウスとやま

とやまのはちみつプリン／1個480円

富山県の天然のレンゲはちみつ、黒部市の牛乳、高岡市の卵の富山県産素材で作る、濃厚でとろけるプリン。二層で底にははちみつがたっぷり。

☎076-421-3134 ⌂富山市堀川小泉町497-5 ⏰11:00～20:00 休火・水曜 Pあり 🚶市電小泉町電停から徒歩4分 MAP付録① B-3

鉄道好きならずともおすすめの一枚

染ときもの秋吉屋

そめときものあきよしや

セントラムてぬぐい／1枚1210円

富山市内を走るセントラムの開通を記念して作られた公式グッズ。セントラムのかわいいイラストがあしらわれ、色は紺と黄色の2種。

☎076-421-5169 ⌂富山市大手町4-21 ⏰10:00～19:00 休水曜、毎月1日 Pなし 🚶市電国際会議場前電停からすぐ MAP付録① B-2

明治時代から富山を代表する銘菓

月世界本舗

つきせかいほんぽ

つきせかいバラエティーパック／1箱799円

卵、寒天、和三盆糖などを煮詰めて作る口溶けの良い「月世界」と、卵や砂糖、柚子が加わったマシュマロ食感の「まいどはや」の銘菓セット。

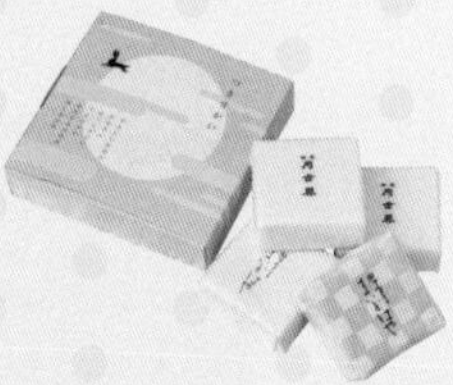

☎076-421-2398 ⌂富山市上本町8-6 ⏰9:00～18:00 休日曜 Pあり 🚶市電西町電停から徒歩3分 MAP付録① B-3

富山タウンからひと足のばして八尾へ

桂樹舎

けいじゅしゃ

名刺入れ（まゆ柄）／各2200円

国の伝統的工芸品にも指定される八尾和紙を使用した、オリジナル名刺入れ。文庫箱、小物入れ、ブックカバーなども人気を集めている。

☎076-455-1184 ⌂富山市八尾町鏡町668-4 ⏰10:00～17:00 休月曜（祝日の場合翌日休）、9月5・6日、他 Pあり 🚶バス停上新町口から徒歩3分 MAP41

このページの商品の一部は、富山駅併設のきときと市場 とやマルシェ📖P.35などでも購入できます。

江戸時代の面影を残す岩瀬でレトロな街並みさんぽ

江戸時代に北前船の交易地として栄えた岩瀬。
近年では伝統的な建物を生かした店が増え、
文化的で散策が楽しいエリアとして注目されています。

ぐるっと回って
2時間

おすすめの時間帯

富山駅からすぐの富山港線富山駅から富山港線に乗って、東岩瀬駅までは約20分です。岩瀬大町通りがメインストリートで、紹介店はこの通りに集中しています。

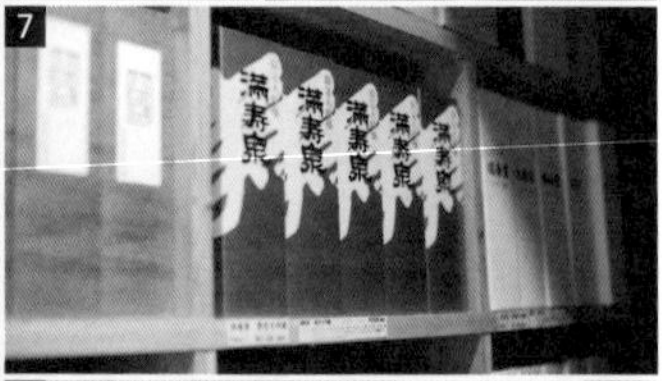

1岩瀬の老舗酒蔵「桝田酒造店」の外観。銘酒「満寿泉」は、富山の旬の幸とともに味わえるようにこだわって造られている 26北前船廻船問屋「森家」の外観と風格が漂う座敷。当時の豪商の生活ぶりがうかがえる 3趣のある路地裏 457味わいのある土蔵を用いた店舗「酒商 田尻本店」。店内のウォークインタイプの広々とした貯蔵庫には、店主こだわりのお酒がズラリ 8「酒商 田尻本店」と同じ並びに工房を構える、安田泰三さんのガラス作品

富山港展望台

とやまこうてんぼうだい

富山港を一望できる展望台。晴れた日には富山湾や立山連峰も望める。琴平神社の常夜燈を模した形が珍しい。

展望台 ☎076-437-7131（富山港事務所） ⌂富山市東岩瀬町 ⏱9:00～16:30 休無休 ¥無料 Pあり 👣富山港線東岩瀬駅から徒歩12分 MAP39

酒商 田尻本店

さかしょうたじりほんてん

築150年以上の土蔵を改装した酒屋。桝田酒造店の銘酒「満寿泉」シリーズほか、地酒や世界の貴重なワインも。

酒屋 ☎076-437-9674 ⌂富山市東岩瀬町102 ⏱10:00～19:00（日曜、祝日は～18:00） 休月曜（祝日の場合は翌日休） Pあり 👣富山港線東岩瀬駅から徒歩10分 MAP39

「満寿泉 貴醸酒」（500ml）3300円ほか

運河クルーズ・富岩水上ライン

富岩運河環水公園P.16から岩瀬までを結ぶ運河クルーズ・富岩水上ライン。エアコン・トイレ完備の新しい船も登場しています。

北前船廻船問屋 森家

きたまえぶねかいせんどんやもりけ

北前船廻船問屋として莫大な富を得た豪商の家屋。東本願寺を造った棟梁が手がけたとされ、国指定重要文化財。(2024年3月現在休館中。最新情報はHP要確認)

歴史建築 ☎076-437-8960
富山市東岩瀬町108
9:00～16:30 休 休館中、詳細はHPにて要確認
¥ 入館料100円 P あり
富山港線東岩瀬駅から徒歩10分 MAP 39

1

2

1 隣接する旧馬場家住宅も見学する際は180円の共通チケットがお得
2 板戸と梁は能登産黒松を使用している

桝田酒造店 ますだしゅぞうてん

全国にファンが多い銘酒「満寿泉」の酒蔵。初代兵三郎、亀次郎親子が1893(明治26)年に北海道で創業。1905(明治38)年、地元岩瀬で店を構えた。和風な建物の佇まいも魅力。至近には人気の試飲処「沙石」も。

酒屋 ☎076-437-9916
富山市東岩瀬町269
9:00～16:00 休 土・日曜、祝日
P なし 富山港線東岩瀬駅から徒歩7分 MAP 39

のれんにも老舗の風格が漂っている

立ち寄りスポット

KOBO Brew Pub

コボブルーパブ

おすすめビール4種セット1400円

店内の中央に設置された醸造所

国の登録有形文化財「旧馬場家住宅」の米蔵を改装して作られたビアパブ。チェコ出身の職人が作るクラフトビールが味わえる。

ブルワリー ☎080-3047-9916
富山市東岩瀬町107-2
11:00～18:00(フードは～17:00) 休 無休 P あり 富山港線東岩瀬駅から徒歩12分 MAP 39

紅茶の店 アナザホリデー

こうちゃのみせアナザホリデー

ここでひと休み

スイーツが選べるケーキセット(写真はカボチャプリン)720円

ご夫婦が経営する紅茶カフェ。紅茶は定番15種類のほかに、朝日町で親しまれている「バタバタ茶」などが味わえる。軽食もあり。

喫茶店 ☎076-438-6303
富山市岩瀬梅本町115
11:30～20:30 休 火・水曜(祝日の場合は営業) P あり 富山港線岩瀬浜駅から徒歩10分 MAP 39

売り買いしながら倍の倍と儲かったことから、岩瀬では北前船のことを「バイ船」と呼んでいます。

昔ながらの和の町並み 八《やつ》尾《お》をゆっくりおさんぽ

八尾町諏訪町周辺には格子戸の町家が建ち並ぶ趣のある古い町並みが続いています。通り沿いのお店に立ち寄り、ゆっくり散策してみましょう。

ぐるっと回って

3時間

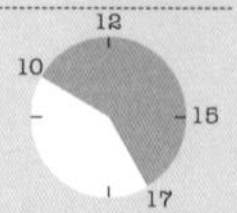

おすすめの時間帯

諏訪町通りの近くには観光会館やお土産店、カフェが建ち並ぶ商店街があり、ぶらぶらと散策が楽しめます。越中八尾観光会館 P.14で販売する食べ歩きクーポン「よばれっちゃ」1000円も活用を。

1 2 3 6 日本の道百選にも選ばれている、諏訪町本通り。江戸時代には品質の良い生糸や和紙を販売する町屋が並んでいた 4 諏訪町本通り近くの路地 5 10 八尾町の伝統的なお祭り「おわら風の盆」。諏訪町通りにはレリーフが飾られ、近くには「八尾おわら資料館」もある

八尾おわら資料館

やつおおわらしりょうかん

人物のストーリーに着目しておわらの歴史を紹介。臨場感たっぷりのおわら映像も見られる。休憩室では伝統的な町屋も見ることができる。

博物館 ☎076-455-1780 富山市八尾町東町2105-1 ⏰9:00～16:30 休 無休（臨時休館あり） ¥210円 P なし バス停おわら資料館前からすぐ MAP 41

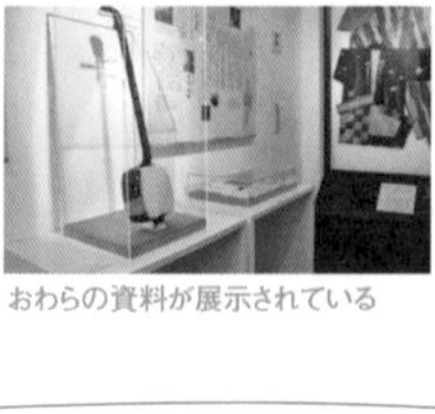

おわらの資料が展示されている

玉旭酒造

たまあさひしゅぞう

1808（文化5）年創業の酒造。伝統的な酒造りの一方新しい試みも。甘く華やかな「ECHOES」1980円が人気。

酒屋 ☎076-455-1331 富山市八尾町東町 2111 ⏰9:00～19:00 休 日曜、祝日 P あり バス停おわら資料館前からすぐ MAP 41

美しいラベルも目を引く

おわら風の盆へ行きましょう

毎年9月1～3日は八尾に古くから伝わる民謡行事、越中八尾おわら風の盆が開催されます。おわら節に合わせて踊る姿は感動的です。

7 11趣のある佇まいの「長江屋豆富店」 8 9趣ある蔵の中でくつろげるカフェ「越中八尾ベースOYATSU」 12最中の専門店「高野もなか屋」で購入したおやつは食べ歩きにもおすすめ 13高台から八尾の町並みを望む

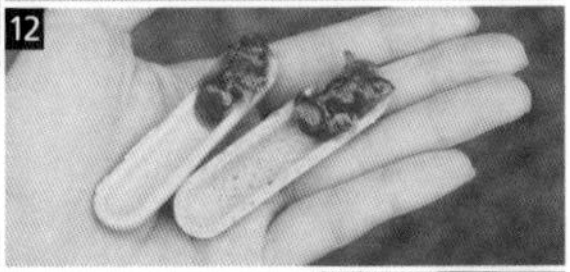

ひと足のばして

天然の材料から和紙ができ上がるまでの工程を体験できる

桂樹舎《けいじゅしゃ》

紙漉き体験では、伝統の越中八尾の手漉き和紙を作ることができ、作った手漉き和紙は持ち帰れる。

和紙 ☎076-455-1184（体験受付） 富山市八尾町鏡町668-4 10:00～17:00（紙漉き体験は火～金曜9:00～12:00、13:00～16:00） 休 月曜（祝日の場合翌日休）、9月5・6日、他 ¥ 紙漉き体験は770円（2名～、要予約） P あり バス停上新町口から徒歩3分 MAP 41

髙野もなか屋《たかのもなかや》

1950（昭和25）年創業、県内外の有名店に最中の皮を卸す専門店。アイスやおみやげが購入できる。

和菓子屋 ☎076-454-2728 富山市八尾町石戸872-2 8:00～20:00（冬季は～19:00） 休 水曜 P あり JR越中八尾駅から徒歩15分 MAP 付録③ B-3

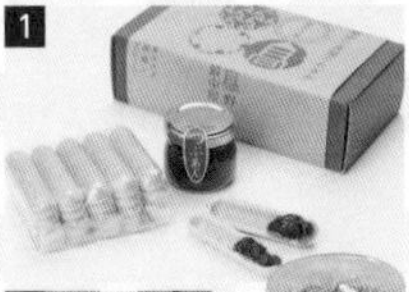

1最中の皮にあんこを添えたセット「最中の皮屋のもなか」1000円 2最中アイス各100円 3最中の「も」550円

長江屋豆富店《ながえやとうふてん》

築約140年の古民家で開いた豆腐店。富山県産大豆100%の生搾り製法の豆腐が美味。淡雪豆腐300円～。町並みに溶け込む町屋のたたずまいも素敵。

豆腐店 ☎076-454-7372 富山市八尾町諏訪町2617-1 11:00～17:30 休 火曜（祝日の場合は翌日休） P なし バス停おわら資料館前から徒歩4分 MAP 41

大豆の旨みがしっかり味わえる

越中八尾ベースOYATSU《えっちゅうやつおベースオヤツ》

1872（明治5）年建造の蔵のある商家をリノベーションした趣のある宿。併設のカフェでは自家焙煎コーヒー500円～や季節のドリンクが楽しめる。

カフェ・宿 ☎076-482-6955 富山市八尾町上新町2701-1 カフェ 10:00～16:00（土・日曜、祝日） 休 火・水曜 P なし バス停曳山展示館前からすぐ MAP 41

建物の中にある土蔵の扉が印象的

養蚕や和紙の産業で繁栄し、富山藩の御納戸とも呼ばれた八尾町。色鮮やかな八尾和紙製品はお土産として人気です。P.37

心地よい潮風を感じながら
魚津&滑川で富山湾の神秘に出会う

富山湾沿いの港町、魚津と滑川は海洋深層水の宝庫で、
ホタルイカの生息地としても知られています。
富山の美しい水辺のエリアをゆっくりと楽しみましょう。

視界が開け遠くまで見渡せる
しんきろうロード

八幡橋からレトロな
富山地方鉄道を望む

魚津は蜃気楼の町
としても知られています

海岸線に伸びる「しんきろうロード」

経田漁港からミラージュランドまでの約8kmの海岸道路は「しんきろうロード」と呼ばれ、蜃気楼を目撃しやすいエリア。シーズン中は散策しながら"蜃気楼待ち"するのもおすすめです。MAP付録③ C-2

海に面した駐車場には蜃気楼をイメージしたモニュメントが。おみやげコーナーやイートインコーナー、イベントスペースがあり、毎月2回、朝市も開催されている

海の駅蜃気楼

うみのえきしんきろう

魚津の鮮魚や農産物の販売所、おみやげ屋、レストランなどが並ぶ魚津港近くのドライブイン。土・日曜、祝日に開かれる浜焼きコーナーが人気。食事やちょっとした休憩に便利。

ドライブイン ☎0765-24-4301 住 魚津市村木定坊割2500-2 時 9:00～18:00 休 第2水曜（5・8月は無休） P あり 交 あいの風とやま鉄道魚津駅から車で5分 MAP付録③ C-2

発掘現場にプールを作り水中展示。プール上部からと、地下の窓から樹根の姿を見ることができる

魚津埋没林博物館

うおづまいぼつりんはくぶつかん

国の特別天然記念物に指定される「埋没林」と富山湾で目撃できる「蜃気楼」の2つの不思議に出会える博物館。直径約2m、樹齢500年以上の樹根がそのままの形で水中保存されている。

博物館 ☎0765-22-1049 住 魚津市釈迦堂814 時 9:00～17:00 休 無休（12月1日～翌3月15日は木曜休） P あり 交 あいの風とやま鉄道魚津駅から車で5分 MAP付録③ C-2

ホタルイカの生態を紹介するほたるいかミュージアム（右）では、ホタルイカの発光ショー（期間限定）や様々な展示などが楽しめる。2階のレストラン（上）では富山湾を一望しながらホタルイカのメニューを味わえる

道の駅ウェーブパークなめりかわ

みちのえきウェーブパークなめりかわ

滑川市の文化・観光の拠点となる道の駅。滑川沖合はホタルイカの生息地・海洋深層水の宝庫。敷地内にはホタルイカの不思議に触れられる施設やおみやげ屋がある。

道の駅 ☎076-476-9300 住 滑川市中川原410 時 9:00～16:30 休 火曜（祝日の場合は翌日休） P あり 交 あいの風とやま鉄道滑川駅から徒歩8分 MAP付録③ B-2

木のぬくもりが感じられる店内は、学校をイメージしたデザインで、ところどころに遊び心が感じられる。季節限定のモンブラン750円（左）、ウィーン菓子を代表するザッハトルテ480円（右）

コンディトライ・キント

魚津出身の店主によるシンプルで親しみのあるウィーン菓子が味わえる。現在はテイクアウトのみ可能。海沿いを散策したあとに甘いお菓子でほっとひと休みしては。

ケーキ ☎0765-24-8848 住 魚津市上村木1-23-1 時 11:30～18:00（ケーキ完売次第終了） 休 火曜（不定休あり） P あり 交 あいの風とやま鉄道魚津駅から徒歩15分 MAP付録③ C-2

蜃気楼とは、光の屈折で海上に対岸の風景や船が揺らめき変形して見える現象。3月下旬～6月上旬の天気のよい11～16時頃によく現われます。

街なかの喧騒を離れて…
富山エリアのくつろぎの宿

日常をリセットできる最新リトリートホテルから、
和風ビジネスホテル、家庭的な旅館まで
ホッとくつろげるステキな宿をご紹介します。

1天蓋付きベッドがステキなスタンダード。[208]ギリシャの間 2「樂味」の美しい日本料理 3露天風呂やドライサウナなどを備えた「Spring Day Spa」

自然とアートに囲まれ、心からリラックス

リバーリトリート雅樂倶

‖春日‖ リバーリトリートがらく

神通川が流れる深い山あいに佇む隠れ家的なホテル。洋食、和食の2つのレストランでは、富山の旬の食材を使用した贅沢な料理が味わえる。館内には現代作家の独創的な作品を展示しており、ゆっくり鑑賞するのもおすすめ。自然の中でのんびり癒しのひとときを。

☎076-467-5550 住富山市春日56-2 時IN15:00 OUT11:00 室洋7、和1、和洋15（全室部屋のタイプは異なる） Pあり 交JR笹津駅から徒歩15分 MAP付録③ B-3

料金プラン
本館スタンダード（バスなし）
1泊2食付（2名1室／1名分）
35000円～

1歴史ある雰囲気が漂う八尾の街並みに溶け込んだ外観 2昔ながらの純和風な囲炉裏の間は、休憩所として使用している 3広々とした和室

家庭的な雰囲気の小さなお宿

宮田旅館

‖八尾‖ みやたりょかん

江戸末期に建てられた民家を利用した全5室の宿。それだけにおもてなしの心遣いが感じられ、ゆったりとくつろげる。5月の曳山祭、9月のおわら風の盆の時期は宿周辺が華やかに賑わう。趣のある宿で、のんびり羽を伸ばして。

☎076-455-2011
住富山市八尾町西町2267
時IN15:00 OUT10:00
室和5 Pあり
交バス停東町からすぐ
MAP41

料金プラン
1泊朝食付7500円～
（2名1室／1名分）
素泊まり6000円～
（2名1室／1名分）
※季節料金あり

春日の地に湧きでる天然温泉

リバーリトリート雅樂倶では、神通川沿いに湧く春日温泉郷の天然温泉を利用しており、なめらかで肌あたりの良い温泉に浸かれます。サウナなども完備しています。

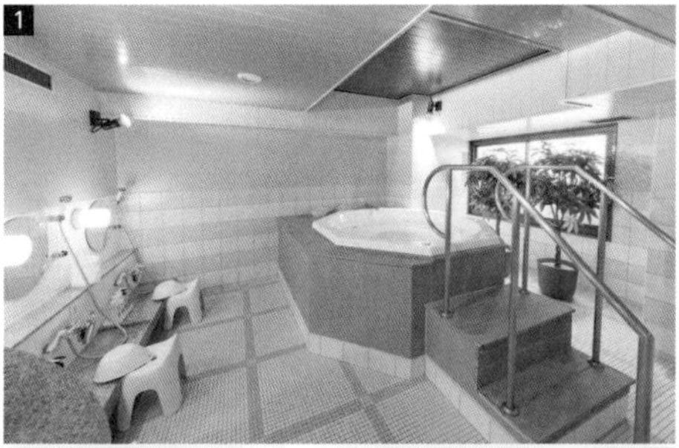

1ジェットバスがある女性浴室。アメニティも充実している 2朝食は人気のビュッフェスタイル 3畳敷きの和風客室はリラックスできる

自宅のようにくつろげる和風ホテル

コンセプトホテル和休

‖宝町‖ コンセプトホテルわきゅう

ホテルの便利さに旅館の温もりがプラスされた和風ビジネスホテル。館内では靴を脱ぎ、部屋はすべて畳敷きで自宅のようにくつろげる。朝食は野菜をたっぷり使用した和食ビュッフェ。ひとり旅でも気軽に利用できる。

☎076-433-3830
住 富山市宝町1-1-1
時 IN15:00 OUT10:00
室 和洋60 P あり
交 JR富山駅から徒歩3分
MAP 付録① B-1

料金プラン

喫煙ツインルーム7150円（2名1室／1名分）
禁煙シングルルーム 7700～8800円（1名1室）

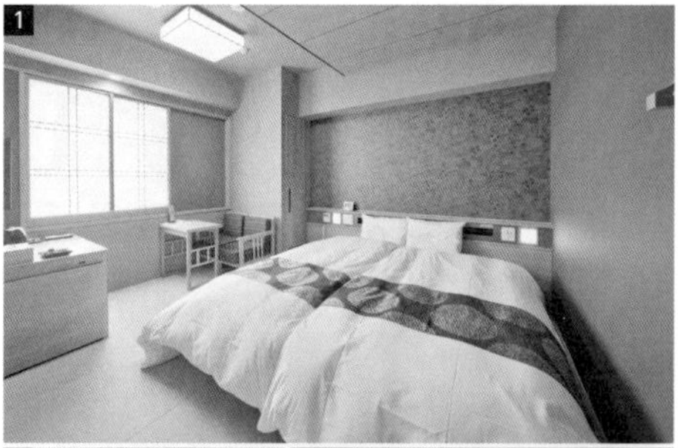

1客室天然温泉檜風呂付きの快適なハリウッドツインルーム 22段のドライサウナ。ミストサウナも完備 3高級感漂うエントランス。館内は全館心地よい畳敷き

ワンランク上の客室檜風呂＆天然温泉

天然温泉 剱の湯 御宿 野乃富山

‖総曲輪‖ てんねんおんせんつるぎのゆおんやどののとやま

地下1200mから湧き出す自家源泉は、茶褐色でトロっとした肌触りの泉質が特徴的で、身体の芯から温まると好評。豊富な浴槽の天然温泉でゆっくり身体を癒やして。和洋バイキングの朝食ではご当地逸品料理が楽しめる。

☎076-421-5489
住 富山市総曲輪3-9-2
時 IN15:00 OUT11:00
室 T8、W110、そのほか32
P あり 交 市電大手モール電停からすぐ MAP 付録① B-2

料金プラン

ハリウッドツイン 1泊朝食付（2名1室／ 1名分）11300円～

コンセプトホテル和休では、囲炉裏コーナーで淹れたてコーヒーを飲むことができます。

富山の手仕事 すてきなクラフト

富山県には古来から続く伝統工芸がいくつも残っています。とくに高岡市は、鋳物を中心に400年ものづくりを継承してきた町。高岡のクラフトカンパニーは、今も暮らしに寄り添う多彩なクラフトを展開しています。

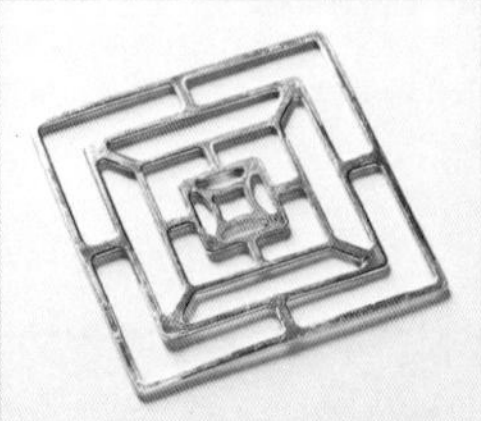

KAGO - スクエア　4950円～

能作《のうさく》

錫100%でつくられた「KAGO」は、素材の特性を活かし、平面を立体に変化させて使う人気シリーズ。自由自在に曲がるため様々な使い方ができ、平らに戻すと収納にも便利。

☎0766-63-0001
取扱／本社FACTORY SHOP、富山大和店（富山市）、パレスホテル東京店（東京）など
MAP付録③ B-2

m_pierced earrings "ring"5500円

モメンタムファクトリー・Orii《モメンタムファクトリーオリイ》

デイリー使いしやすいアクセサリーシリーズ「M」は、Oriiが受け継いできた高岡銅器の伝統的な技法を応用して作っている。かわいらしいシェイプと美しい色味が華やか。

☎0766-23-9685
取扱／ Orii本社ショールーム
MAP付録③ A-2

Isara「鋳皿」4950円～

佐野政製作所《さのまさせいさくしょ》

仏具メーカーとしての技術を活かす、クリエイターとのコラボも話題。「isara」は鉄素材を使用したブランドで、表面に漆を焼き付けて表情のある器を生み出している。

☎0766-24-8908
取扱／漆器くにもと、T.OCULなど
MAP付録③ A-2

syouryu「すずがみ」2640円～

シマタニ昇龍工房《シマタニしょうりゅうこうぼう》

"叩き"を主軸としてものづくりを行なう同社が立ち上げた「syouryu」ブランドの「すずがみ」。好きな形に曲げて使うことができる器で、3種の鎚目模様があしらわれている。

☎0766-22-4727
取扱／本社ショールーム、漆器くにもと、ガランドウなど
MAP付録③ B-2

空穏「まどか どんぐりん」13200円～

四津川製作所《よつかわせいさくしょ》

代々続く美術銅器製造元が展開する「空穏 KUON」は癒しと祈りのインテリアブランド。小さく可愛いどんぐりの形をしたおりん「どんぐりん」の澄んだ音色が寄り添う。

☎0766-30-8108
取扱／本社ショールーム、T.OCULなど
MAP付録③ A-2

高岡とその周辺

銅器や漆器の生産で栄えた高岡。
国宝の寺院や、
伝統工芸が根付く歴史ある町並みが残り、
独特の風情をたたえています。

さらに足をのばして
「世界で最も美しい湾クラブ」に加盟した富山湾や
その沿岸に広がる新湊や氷見、
絹織物の街・城端や木彫りで有名な井波など、
それぞれに趣の異なる街に出かけてみませんか。

高岡とその周辺をさくっと紹介します

北陸新幹線が停車する新高岡駅や、高岡駅を拠点に、歴史あるまち高岡や城端・井波、映画のロケ地で注目を集める新湊など、高岡から気軽に足をのばせるエリアを紹介します。

新高岡駅で、旅の情報を集める

駅構内の観光案内所で周辺の情報収集を

新高岡駅の改札を出てすぐ、新高岡駅観光交流センターがあります。高岡市の観光案内はもちろん、周辺の飛騨・越中・能登の観光パンフレットも充実。高岡からはじまる広域のグッドスポットをスタッフが丁寧に教えてくれます。

新高岡駅観光交流センター
☎0766-30-2626 ⏲9:00～20:00

高岡まちなか乗り放題1日フリーきっぷが便利です

路線バス「新高岡駅～高岡駅」、「高岡駅～金屋」、万葉線「高岡駅～志貴野中学校前」の区間が乗り放題になる便利なきっぷ（おとな500円、こども250円）。新高岡駅観光交流センター、高岡駅観光案内所で販売しています。

高岡市観光協会
☎0766-20-1547

海王丸にも乗れる万葉線1日フリーきっぷ

高岡駅に降り立ったら、路面電車「万葉線」で新湊へ。車内で万葉線・海王丸セットクーポン（おとな1100円、こども550円）を購入してお得に回りましょう。万葉線が1日乗り放題になるほか、帆船海王丸にも乗船できます。

万葉線 ☎0766-25-4139（平日8:30～17:30）

新高岡駅からバスでグルメと温泉の旅へ

高岡駅発着、新高岡駅経由の和倉温泉行きバス「わくライナー」。新高岡駅からひみ番屋街を経由して和倉温泉まで行くことができ、1日2往復運行しています（運行日限定）。運賃は高岡駅前・新高岡駅から500円～。

加越能バス乗車券センター
☎0766-21-0950

バス1本で世界遺産の五箇山まで移動

世界遺産に登録されている五箇山、白川郷まで気軽に行ける世界遺産バスが毎日運行中。新高岡駅から五箇山（相倉口）へは片道約1時間で到着します。運賃は高岡駅・新高岡駅から1000円～ですが、フリーきっぷ2000円～を購入すれば、五箇山、白川郷以外に、城端など全ての区間が乗り放題です。

加越能バス乗車券センター
☎0766-21-0950

鮮度抜群の富山湾の幸を味わう

氷見《ひみ》

P.64

「ひみ寒ぶり」で知られる氷見漁港では、海の幸が大量に水揚げされる。鮮魚が食べたい人はココへ。

職人の技が見られる木彫の町

井波《いなみ》

彫刻で全国的にも有名な井波町。町内には、職人の技が光る木製品を購入できるショップが点在。

城端絹で有名な歴史ある町を散策

城端《じょうはな》

P.70

越中の小京都と呼ばれる町並みが美しい。伝統のある絹織り体験ができる施設もある。

高岡市とドラえもん

高岡市は藤子・F・不二雄の出身地。原画などが展示された「高岡市 藤子・F・不二雄ふるさとギャラリー」があり、路面電車「ドラえもんトラム」も走っています。

日本の「ベニス」と呼ばれる内川周辺へ

P.62

新湊《しんみなと》

新湊の内川沿いは水辺の風景が美しく、立ち寄りスポットも多いのでおさんぽにぴったり。

加賀前田家二代当主、前田利長が築いた高岡城の跡に広がる高岡古城公園。

MAP 付録② C-1

ものづくりのまちをサイクリング

P.50

高岡タウン《たかおかタウン》

商工業のまち・高岡。高岡御車山祭（ユネスコ無形文化遺産）を体感できる高岡御車山会館がある。

高岡市鋳物資料館は「高岡鋳物の製作用具及び製品」1561点（登録有形民俗文化財）などを展示。

MAP 付録② B-1

富山駅発着の「富山ぶりかにバス」は新湊、氷見までバス1本で移動できます。MAP 付録③ B-1

歴史ある城下町・高岡を気ままにサイクリング

情緒ある町並みが広がる山町筋や金屋町、国宝の瑞龍寺、高岡大仏など、高岡の歴史に触れながらサイクリングを楽しみましょう。

ぐるっと回って 3時間

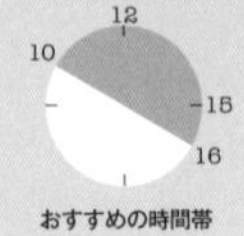

おすすめの時間帯

高岡駅で自転車をレンタルし、路面電車が走る大通りや、所々に町家が点在する高岡ならではの風景を楽しみながらサイクリング。広めの道路が多いので自転車でも走りやすいですよ。

1 歴史ある町並みをサイクリング

高岡駅観光案内所《たかおかえきかんこうあんないしょ》

駅周辺でレンタルできる

観光案内所 0766-23-6645 高岡市下関町6-1 4〜11月、10:00〜16:00 [休]期間中無休(レンタサイクルステーションにより異なる) [¥]300円(1回) [P]なし JR高岡駅直結 MAP付録② B-2

2 高岡市の象徴でもある日本三大仏

高岡大仏《たかおかだいぶつ》

銅器製造技術の粋を集めて作られた大仏は高さ約16m

奈良や鎌倉の大仏と並ぶ日本三大大仏。1933(昭和8)年に高岡銅器の職人たちが造営。出来栄えの良さから日本一美男な大仏ともいわれている。

大仏 0766-23-9156(大仏寺) 高岡市大手町11-29 9:00〜17:00 [休]不定休 [¥]志納 [P]あり JR高岡駅から徒歩10分 MAP付録② B-1

3 地元の作家や学生が作り出すアートの世界

芸文ギャラリー《げいぶんギャラリー》

アートはもちろん、デザインやクラフトなど各テーマにちなんだ展覧会を開催しているショップ&ギャラリー。文具や本、雑貨をはじめ、美大生の作品のセレクトショップも併設。

紙皿4800円／紙と漆を使った地元漆芸家の皿は日常づかいもできる

ギャラリー 0766-25-6078 高岡市御旅屋町90-1 KMビル1F 11:00〜19:00 [休]水曜 [P]なし JR高岡駅から徒歩8分 MAP付録② B-2

4 高岡を代表する土蔵造りの住宅

菅野家住宅《すがのけじゅうたく》

入ってすぐの和室には菅野家に関する資料などを展示。天井板には屋久杉などの厳選された銘木が使われている

高岡政財界の中心として活躍した名家の居宅で、国の重要文化財。1900(明治33)年の大火直後に再建された主屋の内部を一部見学可能。

歴史建築 0766-22-3078 高岡市木舟町36 3〜12月、9:30〜16:00 [休]期間中火曜(祝日の場合は翌日休、その他臨時休館あり) [¥]300円 [P]あり JR高岡駅から徒歩10分 MAP付録② B-1

レンタサイクルはココで

JR高岡駅周辺にあるサイクルステーションで手続きができます。詳細は末広開発まちづくり事業部に確認を。☎0766-20-0555（平日9:00～18:00）

5 古い建物を再生した複合商業施設
山町ヴァレー やまちょうヴァレー

中庭に面した蔵にショップが1軒ずつ入っている

個性的な雑貨店や飲食店が集まる複合商業施設。観光案内をしてくれるコンシェルジュも常駐している。

商業施設 ☎0766-75-9614 ⌂高岡市小馬出町6 ⏰10:00～17:00（店舗により異なる）休不定休（店舗により異なる）Pあり 🚶JR高岡駅から徒歩12分 MAP付録② B-1

6 現代的な高岡銅器のアイテムが充実
KANAYA カナヤ

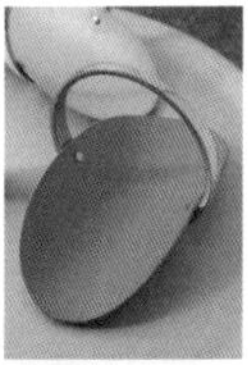

歴史ある高岡銅器を用いたライフスタイルグッズを扱うショールーム。国内外のデザイナーによる見た目も美しく機能的なアイテムがそろう。

雑貨店
☎070-5630-9206
⌂高岡市金屋町2-5
⏰10:00～16:00
休木曜（土・日曜、祝日は予約のみの営業）Pあり 🚶JR高岡駅から徒歩16分
MAP付録② B-1

築約150年の古民家のショールーム。上は紺野弘通氏デザインのエンのトレイ17600円

7 国宝建造物を見学
瑞龍寺 ずいりゅうじ

整然と美しい伽藍配置

高岡の開祖・前田利長の菩提寺として1663（寛文3）年に3代藩主前田利常が建立。国宝に指定された山門、仏殿、法堂など、江戸初期の貴重な禅宗寺院建築を見られる。

寺院 ☎0766-22-0179 ⌂高岡市関本町35
⏰9:00～16:30（冬期は～16:00）休無休
¥拝観料500円 Pあり
🚶JR高岡駅から徒歩10分 MAP付録② B-2

1県内唯一の本格的西洋建築。1914（大正3）年に銀行として建築 2土蔵造りの町家が並ぶ山町筋 3「芸文ギャラリー」の店内 4文具商の建物を改修した「山町ヴァレー」 5鋳物師の町、金屋町 6金屋町通りにあるショールーム 7工芸品の展示などがある「ミラレ金屋町」

金屋町を中心にイベントなどを行う「ミラレ金屋町」MAP付録② B-1を毎年秋に開催しています。

ものづくりの街で工芸品をお買い物
伝統を持ち帰る高岡クラフト

鋳物や銅器などの工芸が盛んな高岡。
職人の技が光るアイテムを購入できる、工房直営店やショップも市内に点在しています。
お気に入りの一品に出会ってみませんか？

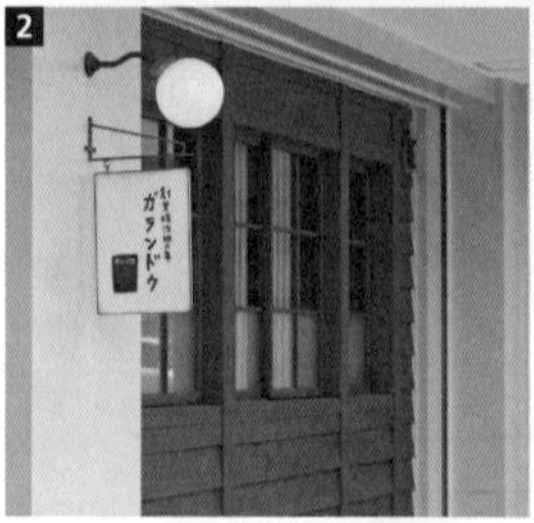

■1器や置物、日用雑貨など手作業で作られたさまざまな工芸品を見ることができる
■2レトロでかわいらしい看板が目印 ■3カラフルな色使いの置物も

大仏文鎮（青銅・茶）

各1540円

高岡の鋳物職人が作った手のひらサイズのかわいらしい高岡大仏。温かみのある鉄の風合いと大仏様の優しい表情が魅力

色ろうそく（春）

1430円

春にぴったりなカラーのろうそくが6本入ったセット。四季によって箱のデザインが変わり、優しい色合いのイラストが描かれている

猿フック（中）

1760円

猿の形をした鋳物のフック。鉄のずっしりとした重みで安定感があり、重いものもひょいとかけられる

町のお風呂屋さんを改装した
手仕事品の店

ガランドウ

地元高岡をはじめ、全国各地の手仕事品を展示販売しているショップで、店主の目利きが光る。木造校舎の小学校をイメージした店内には、手作業によって作られた温もりある作品が並ぶ。

☎0766-22-3623 ⌂高岡市定塚町1239
🕒10:00～18:00 休日・月曜 Pなし
‼JR高岡駅から徒歩10分 MAP付録② B-1

高岡銅器のはじまり

加賀前田家二代当主・利長が“ものづくり”を推奨して始まった高岡銅器。約400年たった今も、質の高さが評判を呼んでいます。

ドレープ揺れるピアス／イヤリング

6600円

「kohachiro」の揺れるピアス／イヤリング。柔らかな錫を曲げて、波を打ったような美しい形状に仕上がっている

くもとあめブローチ

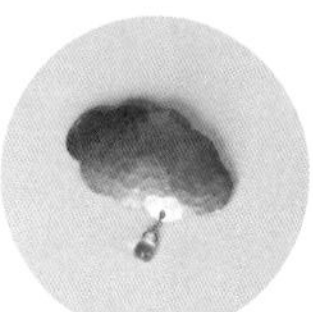

4950円

錫で作られた雲の形をした「kohachiro」のブローチ。揺れる雨のしずくが可愛らしい

鋳のアクセサリーが素敵なショップ

大寺幸八郎商店

おおてらこうはちろうしょうてん

オリジナル商品の販売やアクセサリーづくり体験なども開催する、鋳物造りの老舗。オリジナルブランド「kohachiro」のアクセサリーは女性に人気。自分へのおみやげにもおすすめ。

金屋町の美しい町並みに溶け込む、歴史ある建物

☎0766-25-1911
⌂高岡市金屋町6-9
🕘10:00 ～ 17:00 休火曜（祝日の場合は営業）Pなし
‼バス停金屋からすぐ
MAP付録② B-1

スタイリッシュなのれんと生活雑貨が並ぶ店先

生活雑貨が並ぶ現代の荒物屋

大菅商店

おおすがしょうてん

築110年ほどの歴史ある荒物屋さんの建物を使った生活雑貨店。高岡をはじめ、全国の町工場や職人が手がけた、どこか懐かしい日用品が充実している。

☎070-5465-4257 ⌂高岡市大手町12-4
🕘12:00 ～ 17:00 休火～金曜 Pあり
‼JR高岡駅から徒歩9分 MAP付録② B-1

VISION GLASS（WHITE S、AMBER S）

1485円

インドのガラス製品メーカー「BOROSIL社」のグラス。カップや花瓶、キャンドルホルダーとしてもおすすめ

アルミボウル（16cm）

1980円

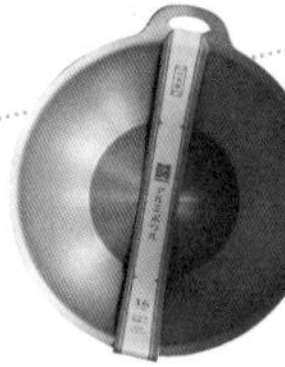

高岡市のアルミ製品メーカー「北陸アルミ」が手がけるレトロなボウル。直火でも使用できるのがうれしい

9°（深緑色）

2640円

富山の樹脂メーカー「シロウマサイエンス」が2社のデザイン会社と作った器。食器、調理、保存の機能を兼ね備えている

職人が直接指導するものづくり体験もさまざまな工房で実施しています。

myことりっぷ

高岡の伝統的工芸品 鋳物の世界を楽しむ

**400年にわたって高岡で愛され続ける伝統的工芸品・高岡銅器。
商工業の町に工場を構える老舗鋳物メーカー・能作で、
伝統技術を見学し、その奥深さを肌で感じてみませんか。**

1

商品は一つひとつ職人の手仕事で造られる

1ロビーにある木型が収められている木型倉庫。実際に使用している型のため、職人さんが取りに来ることもあるそう 2能作を代表する商品KAGO - スクエア - L14300円 3ファクトリーショップには、職人が作ったスタイリッシュな商品が並ぶ

2

3

職人の手で行われる溶けた錫の流し込み作業

創業100年超の老舗鋳物メーカー

能作《のうさく》

高い技術力によって錫100%のものづくりで、国内外から高い評価を受けている鋳物メーカー・能作。施設は約4000坪と広い敷地を持ち、工場・ショップ・カフェ・体験工房が入っている。職人と同じ伝統的な技法で鋳物製作体験もできる。壁一面に飾られた約2500枚の木型が収められている倉庫や、ミュージアムのようにおしゃれな内装も見どころ。

☎0766-63-0001 高岡市オフィスパーク8-1 10:00～18:00
休無休 ¥無料 Pあり バス停能作前からすぐ MAP付録③ B-2

夜には照明が灯り、昼間とは違った雰囲気

外壁には錫タイルが使われている

全長3mのプロジェクションマッピングにも注目

施設内では、能作のスタッフがおすすめする県内の観光スポットを、プロジェクションマッピングや観光カードで紹介しています。

能作内は見どころたくさん♪

FACTORY TOUR ～工場見学～

錫や真鍮の鋳造が行われるエリア

職人の技術に触れて楽しめる

工場の中に入り、職人の手仕事を間近で見学できる。タイミングがあえば、1200℃に溶けた真鍮を型に流し込む「鋳込み」の瞬間が見られることも。

☎0766-63-0001 ⓛHPを要確認（要予約）㊡土・日曜、祝日は不定休 ㊊無料

IMONO KITCHEN～カフェ～

富山県産米粉を使用した、ふわもち食感の焼きたてベーグルが食べられる、いろいろベーグルセット1650円。4種類以上の日替わりベーグルが盛り合わせになっていて、食べ応えあり

施設内にあるカフェ。ほとんどのメニューが、能作が手がける錫の器を使用している。食材は富山県産などを中心に、さまざまなメニューがそろう。

IMONO KITCHENはFACTORY SHOPの奥

☎0766-63-0050 ⓛ10:00～17:30

NOUSAKU LAB～鋳物製作体験～

箸置きや小皿、ぐい呑みなど伝統技法を使った約8種類の錫製品の製作体験ができる。スタッフがサポートしてくれるので初めてでも安心。旅の思い出づくりに。

ぐい呑み作りに挑戦

造型用の鋳物砂を型に入れ、スタンプと呼ばれる道具で押し固める

上下の型を作る。型ができたら260℃の錫を流し込んでもらう

＼完成☆／

☎0766-63-0001 ⓛHPを要確認（要予約）㊊1100円～

ショップもチェック FACTORY SHOP

能作のみで限定販売しているアイテムがそろうショップ。県内の老舗和菓子店とのコラボ商品などもあり。

☎0766-63-0002 ⓛ10:00～18:00

老舗和菓子店大野屋とのコラボお菓子、高岡ラムネ540円

能作の人気商品を型どったキーホルダー1100円～

ロビーの床には、真鍮製の日本地図がはめこまれており、フォトスポットになっています。

安心食材をたっぷり使った体にうれしい高岡ごはん

地元でとれた野菜や鮮魚など、鮮度のいい素材を用いた料理はおいしいうえに、食べると元気になれる気がします。体が喜ぶごはんを食べて旅を存分に楽しみましょう。

ソースからすべて手作りの南フランス料理店

CasseRole キャセロール

高岡出身のシェフが迎える南フランス料理がベースの店。素材はすべてシェフが目利きをしたもので、ソースからデザートまで手作りで提供している。店内は南フランスの家庭をイメージしたアットホームな造り。

洋食 ♪0766-26-1444
高岡市大野285-1
11:00～14:30、17:00～21:00
休 月曜、第2火曜 P あり
JR高岡駅から徒歩10分
MAP 付録② C-2

menu
ボルシチ‥1210円
キャセロール特製ハンバーグステーキ(マスタードソース)‥1210円

1

2

3
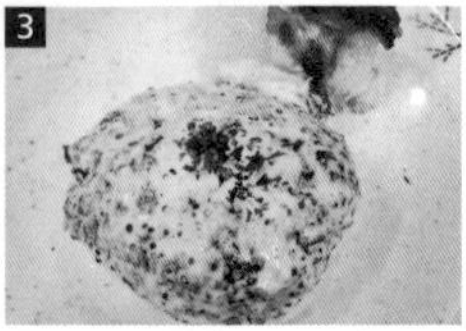

1 たっぷりの野菜でコトコト煮込んだボルシチは体の芯から温まる 2 赤いシェードが目印。席数は42席あり広々とした店内 3 マスタードソースの特製ハンバーグステーキは味わい深く、店人気の看板メニュー

1

menu
勝興寺の七不思議弁当‥1000円
自家製シロップのドリンク‥400円
ファラフェルボックス‥1580円

2

3

4

1 寺の逸話にちなんだ勝興寺の七不思議弁当 2 賑やかな雰囲気の店先 3 裏メニューのファラフェルボックス1580円 4 お弁当はフリースペースで

カラフルなお弁当をテイクアウト

おべんとうカフェ にじのこや

勝興寺参道にコンテナが並ぶ「ふしき坂ノ上ヴィレッヂ」。一番奥まった場所にある「にじのこや」は、注文が入ってから作るスタイルのお弁当店。地元の商店や直売所から仕入れた食材で作る弁当がおいしいと好評。

テイクアウト ♪080-4643-6164 高岡市伏木古国府12-8 ふしき坂ノ上ヴィレッヂ内 11:00～18:00 休 木曜、第1･3水曜 P なし JR伏木駅から徒歩3分 MAP 付録③ B-2

CasseRoleのブーランジェリー

CasseRoleで提供する食パンとフランスパンは、すべて系列店のブーランジェリーで焼きあげています。おみやげにもぴったり。

新鮮な野菜のおいしさを実感

Jun Blend Kitchen ジュンブレンドキッチン

高岡産の新鮮野菜や自家栽培米など、生産者の顔が見える安心安全な料理が味わえる。約15種類の野菜を使ったジュンブレンドサラダプレートや、新鮮な野菜本来のうまみが体感できる料理は全9種類。

洋食 ☎080-5853-2824 ⌂高岡市西藤平蔵234 アグリピア直売所内 🕒8:30～16:30（モーニングは～10:30、ランチは10:30～14:30、テイクアウトは～15:30） 休日曜、祝日、第1･3･5月曜 Pあり ‼バス停市野瀬から徒歩5分 MAP付録③ A-2

menu

ジュンブレンドサラダプレート…1500円
キッシュプレート…1500円
チキン南蛮定食…1200円

1アグリピア直売所内にある 2テイクアウトでも人気のチキン南蛮 3サラダプレートには鶏ハムとスープ、パンかごはんが付く

menu

チキン南蛮(100g)
…334円
根菜の豆腐揚げ(1個)
…172円
肉だんご 1個
…172円

1好きな総菜とごはん、みそ汁、さらにおはぎを加えても1522円 2和洋中と幅広い総菜が並ぶ 3築100年以上の古民家を改装

手作りの選べる総菜でオリジナル定食を

あんしんごはん

店主が営む農園で育てられた野菜をはじめ、地元の食材を取り入れた手作り総菜がズラリ。好きな総菜を選び、自分だけの定食を作れる。土蔵造りの商家を改装した店内で食べられるほかテイクアウトもOK。

惣菜・定食 ☎0766-28-0082 ⌂高岡市守山町11 🕒11:00～19:00 休日曜 Pあり ‼JR高岡駅から徒歩7分 MAP付録② B-1

Jun Blend Kitchenが入っているアグリピア直売所は、地元の農園で育った野菜などが買える人気店です。

高岡タウンのかわいいカフェで こだわりのスイーツを

**定番スイーツからベジスイーツなどの変わり種まで。
ホッとひと息つきたい時におすすめの、
こだわりスイーツが味わえるカフェを紹介します。**

野菜たっぷりの体に優しい料理が人気

Cafe Mimpi

カフェミンピ

かぼちゃのお汁粉680円など、自家菜園や地元野菜を使ったベジスイーツが人気。平日20食限定のMimpiのお昼ごはん1380円など、野菜使用量が150g以上になるよう考案された、体が喜ぶメニューもおすすめ。

☎0766-21-1535 ⌂高岡市中川上町10-14 ソーラービル1F ⓛ10:00～15:00 休金曜、第3木曜 Pあり !!JR高岡駅から徒歩10分 MAP付録② C-1

1窓から古城公園の四季が楽しめる 2おひとり様も多い 3野菜と果物のベジフルパフェ 900円

歴史ある蔵をリノベーションした情緒漂う空間

みそ・蔵カフェ

みそくらカフェ

築約130年の蔵の伝統を生かし現代感覚を取り入れたカフェ。1881(明治14)年創業の長谷川醸庫が運営しており、自家製味噌や醤油のスイーツが自慢。軽井沢の丸山珈琲がブレンドしたスペシャルティコーヒーとともに。

☎0766-22-1022 ⌂高岡市和田16 ⓛ10:30～15:30(ランチタイムは11:30～13:30) 休日～火曜 Pあり !!あいの風とやま鉄道高岡やぶなみ駅から徒歩8分 MAP付録③ A-2

12趣ある店内と日本庭園 3味噌キャラメルとごまのロールケーキ700円、コーヒー(ポット入り)800円

ゆっくりするなら午後早めに

高岡市周辺のカフェは夕方までの営業が多いので、のんびり過ごしたいなら午後は早めに行くのがおすすめです。

土蔵造りのコーヒースタンド

COMMA,COFFEE STAND

コンマコーヒースタンド

土蔵造りの町に佇むカフェ。挽きたて、淹れたてのコーヒーとたっぷりクリームが入ったシュークリームが人気。地元の野菜を使用したランチもあり、器は高岡の作家ものを使うなど細かいところにもこだわりあり。

☎070-5465-0993 ⌂高岡市小馬出町48-1 ⏱11:00～17:00（夜は要予約）休月・火曜 Pあり 👣万葉線坂下町電停から徒歩3分 MAP付録② B-1

1落ち着きのある店内 2日替わりランチドリンクセット1680円 3濃厚なクリームたっぷりのシュークリーム580円

時間をゆっくり使える特別な空間

Switch Sweets Café

スイッチスイーツカフェ

シンプルな吹抜けの空間に国内外の雑貨が並び、ゆったりとした時間が流れる店内。イタリアから仕入れた風味豊かなエスプレッソには濃厚な味わいのチーズケーキやショコラがおすすめ。ヴィンテージ雑貨の販売も。

☎なし ⌂高岡市昭和町3-1-21 ⏱12:45～18:00、18:45～21:00 休木曜（祝日の場合は営業）Pあり 👣バス停昭和町から徒歩3分 MAP付録② A-1

1開放的な空間 2おしゃれな外観 3人気の濃熟チーズケーキ600円とアイスカフェラテ600円

みそ・蔵カフェでは、旬の素材と地元の食材を用いた月替わりお昼ごはん1950円（10食限定、要予約）のランチもおすすめです。

乙女ごころを刺激する
キュートな高岡みやげ

**地元の素材を使ったり、伝統的な技を取り入れたり、
見た目もかわいく仕上げた高岡のおすすめみやげ。
プレゼント用はもちろん、自分の分まで欲しくなってしまいます。**

大野屋
おおのや

1838(天保9)年創業の山町筋の老舗菓子店。木型を使うなど和菓子作りの技を生かした高岡ラムネは、富山産コシヒカリの米粉など国産の素材を使用。口溶け良く仕上げている。

☎0766-25-0215 高岡市木舟町12
🕒8:30〜19:00 休 水曜(祝日の場合は営業) P あり 🚶JR高岡駅から徒歩7分
MAP 付録② B-1

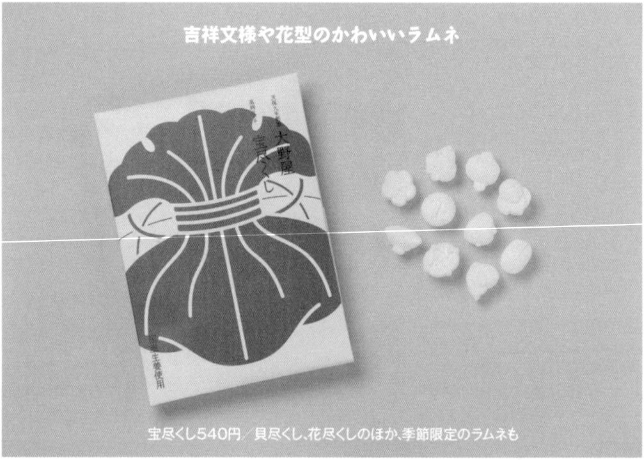

吉祥文様や花型のかわいいラムネ

宝尽くし540円／貝尽くし、花尽くしのほか、季節限定のラムネも

中尾清月堂 高岡本店
なかおせいげつどうたかおかほんてん

創業154年の地元で愛される菓子店。創業初期からの看板商品どら焼き「清月」216円をはじめ、和洋さまざまな商品やかわいいパッケージの商品が豊富で、幅広い世代を魅了する。

☎0766-25-0514 高岡市宮田町2-1
🕒8:00〜19:00 休 水曜 P あり
🚶バス停瑞穂町から徒歩5分
MAP 付録② A-1

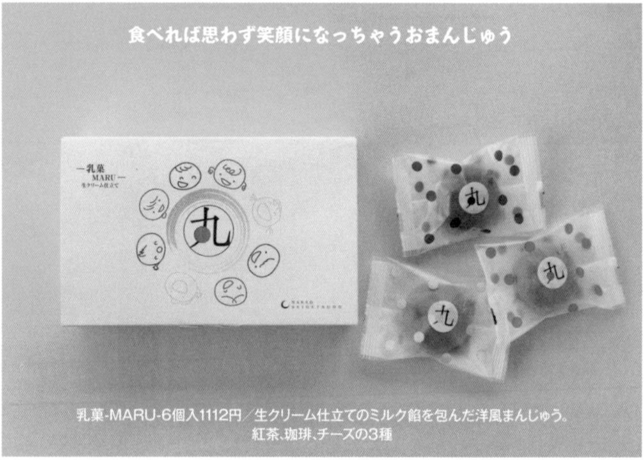

食べれば思わず笑顔になっちゃうおまんじゅう

乳菓-MARU-6個入1112円／生クリーム仕立てのミルク餡を包んだ洋風まんじゅう。紅茶、珈琲、チーズの3種

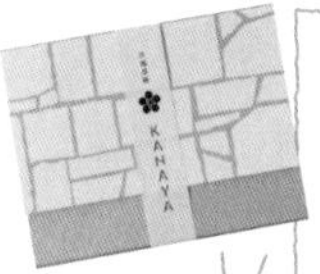

金《かな》屋《や》町《まち》をイメージしたお菓子も

中尾清月堂では、金屋町をイメージした「洋風落雁KANAYA」810円を製造しています。実際の町の石畳をモチーフに、高岡銅器で菓子型を起こし、ひとつひとつ手作り。金屋町のおみやげ店などで購入できます。

富山名物を取り入れたご当地ラスク

新湊白えびラスク360円、コンブラスク350円／富山ならではの味

菓子工房マルエ

かしこうぼうマルエ

お母さんの手作りのような優しい味わいの焼き菓子が充実。10種類のラスクは、高岡昆布百選のコンブラスクや、新湊白えびラスクなど、富山らしい味わいがおすすめ。

0766-22-1058 高岡市片原町155
10:30～18:00 休 水曜、第3日曜 P あり
JR高岡駅から徒歩10分
MAP 付録② B-1

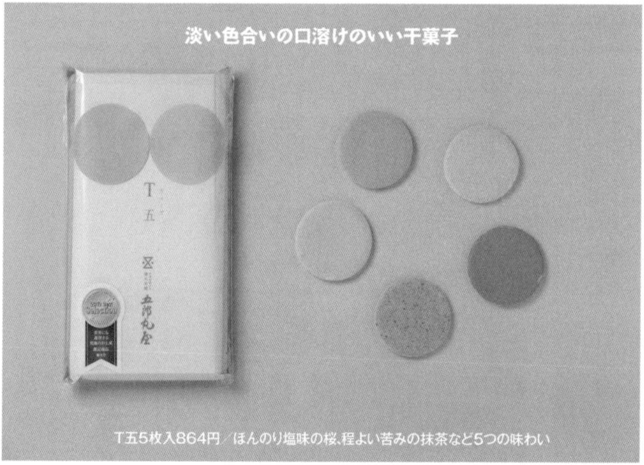

淡い色合いの口溶けのいい干菓子

T五5枚入864円／ほんのり塩味の桜、程よい苦みの抹茶など5つの味わい

薄氷本舗五郎丸屋（おたや銘菓堂内）

うすごおりほんぽごろうまるや（おたやめいかどうない）

薄氷で有名な1752（宝暦2）年創業の和菓子店。新富山みやげとして注目されているT五（ティーゴ）は、和三盆など5つの味わいの定番のほか、紅茶、加賀棒茶の北陸限定フレーバーも登場。

0766-27-1885（おたや銘菓堂）
高岡市御旅屋町101 御旅屋セリオ1F
10:00～18:30 休 水曜不定休 P あり
JR高岡駅から徒歩7分 MAP 付録② B-2

T五の五郎丸屋の本店は小矢部市にあります。そのほか富山駅併設のきときと市場 とやマルシェでも購入できます。P.35

水辺を歩くって気持ちいい 新湊・内川 港さんぽ

ぐるっと回って 5時間

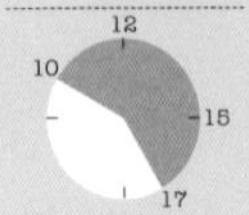

おすすめの時間帯

歩くだけなら2時間半ほどのコース。立寄りスポットが多いので余裕あるスケジュールを。時間短縮したいときは川の駅新湊で1日500円(9:00～17:00)の電動レンタサイクルを借りるのも◎。

その昔、運河として多くの船が行き交っていた内川。今でも漁船が並ぶ水辺や、ユニークな橋が並ぶ風景は日本のベニスと呼ばれ、注目されているスポットです。

川の駅新湊《かわのえきしんみなと》

内川周辺の情報を散策前に入手

観光案内コーナーがあり、内川散歩の拠点として親しまれている。館内には射水市の特産品を販売するショップやカフェもあるので休憩にも利用できる。

観光案内所 ☎0766-30-2552 住射水市立町1-26 時9:00～21:00(カフェは10:00～15:30、変更の場合あり) 休第4水曜(祝日の場合は翌日休)、カフェは毎週水曜 ¥入場無料 Pあり 交万葉線新町口電停から徒歩8分 MAP62

かけ中ランチ660円は新湊のソウルフード「かけ中」にとろろ昆布のおにぎり付き。白エビが気軽に味わえる白エビ丼、白エビカレー、白エビのうどん・そばもあり

新湊きっときと市場《しんみなときっときといちば》

新湊漁港で揚がった鮮魚が買える市場

食事処を併設した海鮮市場。新湊漁港で水揚げされた新鮮な魚介をそろえているほか、干物などの特産品も充実している。

市場 ☎0766-84-1233 住射水市海王町1 時9:00～17:00(時期により異なる) 休無休 Pあり 交万葉線東新湊電停から徒歩5分 MAP63

海鮮問屋 魚新をはじめ11軒の店からなる市場。射水市のキャラクター・ムズムズくんグッズの販売も

cafe uchikawa 六角堂《カフェウチカワろっかくどう》

風情を残しつつ新しさを感じる一軒家カフェ

「内川の良さを広めたい」というオーナーの思いから誕生したカフェ。元畳屋の建物は、梁や柱を残しつつ、現代的な空間に。

カフェ ☎0766-30-2924 住射水市八幡町1-20-13 時11:30～20:30(13歳未満は入店不可) 休月・火曜(祝日の場合は翌日休) Pあり 交万葉線新町口電停から徒歩11分 MAP62

トマトとモッツァレラのパニーニ・ナポリ1100円。サンドは全12種類

六角形の町屋を改装した建物

「野村屋」のどらやき

つきたてのお餅と季節のお菓子を取りそろえています。射水市のキャラクター・ムズムズくんのどら焼きなどは、おみやげにぴったり。3個入各864円。☎0766-82-3637 休 月·火曜 MAP 62

IMATO
イマト

漁師がとれたて鮮魚でつくる干物

漁業歴20年以上の店主が富山湾でとれた鮮魚で作った干物を販売。予約をすれば漁船を使ったプライベートクルーズも可能。

かにぼし屋 ☎0766-82-2226
⌂射水市本町3-1-6 ⏰10:00〜17:00（土·日曜、祝日は〜16:00）休 不定休 P なし 🚶万葉線第一イン新湊 クロスベイ前電停から徒歩10分 MAP 62

海王丸パーク
かいおうまるパーク

帆船海王丸の船内を見学

ふね遺産に認定された海王丸を見学できる。展望広場からは、立山連峰、新湊大橋と帆船海王丸が並ぶ雄大な景観が見られる。

公園 ☎0766-82-5181 ⌂射水市海王町8 ⏰パークは見学自由、海王丸は9:30〜16:30（公開時間は〜17:00、季節により異なる）休 海王丸は水曜（祝日の場合は翌日休）¥ 無料（海王丸の見学は400円）P あり 🚶万葉線海王丸電停から徒歩10分 MAP 63

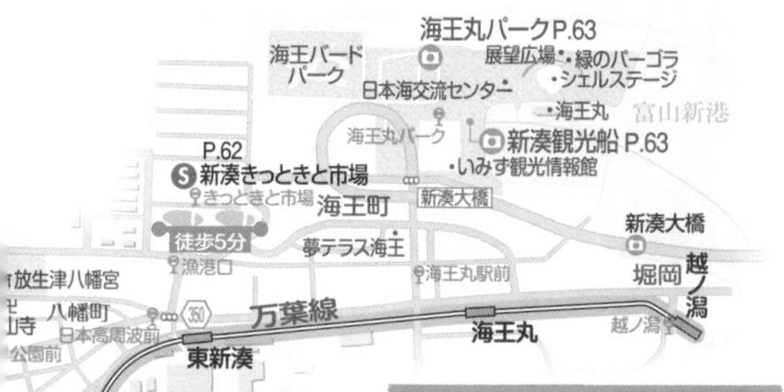

射水市
235
新港大橋
堀岡又新
高岡市
姫野橋

防波堤にも注目「内川アート」

約80mのアート壁面が続く、湊橋河口の防波堤。地元作家による新湊の名所の絵を展示。

☎0766-51-6676（射水市観光まちづくり課）
⌂射水市本町3周辺 ⏰見学自由 🚶万葉線第一イン新湊 クロスベイ前電停から徒歩5分 MAP 62

新湊観光船 しんみなとかんこうせん

ユニークな12の橋を望む

「日本のベニス」と呼ばれる内川の町並みを満喫できる観光船。町に溶け込むようにかかるユニークな12本の橋を巡る内川遊覧コースが人気。

観光船 ☎0766-82-1830（新湊観光船）
⌂射水市海王町2 ⏰9:00〜16:00（随時運航）休 水曜（祝日の場合は翌日休）¥ 1800円（HPを要確認）P あり（海王丸パーク駐車場）
🚶万葉線海王丸電停から徒歩5分 MAP 63

赤い屋根が付いた東橋や、72枚のステンドグラスがはめ込まれた神楽橋など個性豊かな橋が見られる

内川の12本の橋のひとつ東橋は、スペインの建築家が設計した全国的にも珍しい屋根付きの橋です。

ひみ寒ぶり、氷見牛、氷見うどん…
氷見の特選素材を味わう

**富山湾沿いに広がる氷見は海の幸が豊富にとれる港町。
そのうえ富山県最大の肉牛の産地でもあるなど、
氷見は食材に恵まれた美食の町でもあります。**

富山湾鮨

氷見魚市場直送の新鮮な寿司や料理が味わえる

ネタの8割に富山県産の魚介を使うという富山湾鮨。氷見魚市場から仕入れる新鮮な魚で握った寿司は、お好みでも食べられる。寿司のほか、山海の珍味を使った料理にも定評がある。

1 1階はカウンター席もある
2 富山湾鮨3000円には、11貫の寿司とお味噌汁がつく。寿司のほか酢の物や旬料理がセットになった氷見三昧御膳は4000円

割烹・寿司 川喜

かっぽうすしかわき

☎0766-74-5555 🏠氷見市本町2-1
🕒11:30～13:30、17:00～20:30 休 月曜 P あり
🚶JR氷見駅から徒歩10分 MAP 付録③ A-2

寒ブリ

味が格別に違う 10kg以上のブリを厳選

氷見漁港の目の前にあり、朝どれの魚にこだわった漁師料理が味わえる。なかなか市場に出回らない10kg以上のブリを仕入れているので、格別な味わいの本物が楽しめると地元でも評判。

ブリ大根やブリしゃぶなどが味わえるブリ三昧11000円～

ばんや料理 ひみ浜 ばんやりょうりひみはま

☎0766-74-7444 🏠氷見市比美町21-15
🕒11:00～13:00、17:00～(昼・夜ともに完全予約制)
休 不定休 P あり 🚶JR氷見駅から徒歩10分 MAP 付録③ A-2

海鮮丼

1 富山湾でとれる天然の地魚を盛った海鮮丼2100円 2 カウンター席とテーブル席、個室も完備

氷見の美味が詰まったボリューム満点の丼

1968(昭和43)年創業の地元で愛され続ける寿司割烹。その日のおすすめネタを盛り込んだ海鮮丼のほか、白えびのかき揚げ丼1100円など、氷見ならではの新鮮な海鮮料理が味わえる。

寿司・割烹 万葉 すしかっぽうまんよう

☎0766-74-3388 🏠氷見市比美町5-15
🕒11:30～14:00、16:30～20:30
休 月曜(祝日の場合は翌日休) P あり
🚶JR氷見駅から徒歩10分 MAP 付録③ A-2

「ニューちどり」の金時赤飯パン

ハトムギ入りのパンの上に金時豆の赤飯がのったユニークなパン。蒸したパンと赤飯のもちもちとした食感が人気の地元の名物グルメです。1個160円。☎0766-91-2823 MAP付録③ B-2

氷見うどん

独特な食感、氷見の名物うどん

製麺所が営む氷見うどん専門店。伝統的な手延べで仕上げた麺は、独特の強いコシと粘りが特徴。細麺と太麺のメニューをそろえている。

うどん茶屋海津屋 うどんぢゃやかいづや

☎0766-92-7878 住氷見市上泉20
時11:00～15:00 休木曜
Pあり 交バス停上泉からすぐ MAP付録③ B-2

1細麺のかき揚げざるうどん1020円 2氷見うどん製麺所・海津屋の敷地内にある直営店

氷見牛

良質な氷見牛がリーズナブルに味わえる

精肉問屋が営む焼肉店。氷見牛を一頭丸ごと仕入れているので、良質な肉がリーズナブルに味わえる。人気の氷見牛ステーキ丼ほか、氷見牛ミンチカツカレー1408円などメニューも充実。

氷見牛のももを使ったあっさりヘルシーな氷見牛ステーキ丼2200円

氷見牛焼肉・しゃぶしゃぶ牛屋

ひみぎゅうやきにくしゃぶしゃぶぎゅうや

☎0766-72-0029 住氷見市朝日丘1-41
時11:30～14:00、17:30～22:00 休木曜 Pあり
交JR氷見駅から徒歩5分 MAP付録③ A-2

氷見の味をお持ち帰り

珍味かまぼこ291円～

西の番屋②にある三権商店ひみ番屋街店のかまぼこ

いかの塩辛600円

西の番屋③にあるマルヤ鱈場水産のするめいかの塩辛

氷見漁港場外市場 ひみ番屋街

ひみぎょこうじょうがいいちばひみばんやがい

氷見の食が集結した複合施設。6棟の建物内では寿司や氷見うどんが食べられるほか、氷見みやげもそろう。

☎0766-72-3400 住氷見市北大町25-5 時8:30～18:00(氷見前寿しは10:00～20:00、一部店舗により異なる) 休無休
Pあり 交バス停ひみ番屋街からすぐ MAP付録③ A-2

ひみ番屋街には温泉と足湯も完備。氷見観光のしめくくりは温泉でほっこりするのもおすすめです。

地元食材をたっぷり味わう 農園ごはん

**甘みやうまみ、ほどよい苦みや食感など、
野菜本来のおいしさを再認識できる農園ごはん。
体が喜ぶランチを味わいに農園レストランへ出かけましょう。**

1地元の旬の食材を中心としたディナーコース12000円は、丁寧なシェフの料理が際立つ 2ぶどう畑の先には美しい景色が広がる 3シンプルで清潔感のある店内 4ワイナリー見学もある(要予約) 5ワイナリーでつくられたワインや、農園の果物コンフィチュールなどが並ぶショップも併設

左／PRIVATE RESERVE CHARDONNAY 2021(白)7000円、右／ROSE CS 2022(ロゼ)3700円

おすすめmenu

ランチコース…5500円、6500円
※前日の15：00までに要予約
ディナーコース…12000円
※3日前の15:00までに要予約
グラスワイン800円～

美しい緑に囲まれたレストラン。ワインや食事と一緒に、景観も楽しんで

氷見の食材を堪能できるランチコース

セイズファーム

富山湾と立山連峰が見渡せるロケーションのワイナリー。自社農園で栽培するブドウを100%使用したワインに定評がある。そのワインとともに味わえるのが氷見の食材をふんだんに使ったコース料理。平日ランチ限定で氷見産黒毛和牛ハンバーグなどアラカルトメニューもある。

☎0766-72-8288(☎090-7743-8288予約専用) 氷見市余川北山238 3～1月、10:00～17:00(ランチタイムは～14:30) 休期間中無休(臨時休業あり) Pあり JR氷見駅から車で20分 MAP付録③ A-1

心和むドライブも楽しめます

農園レストランまでの道のりに広がるのは、日本の原風景が広がる農園地帯。どこか懐かしさを感じる風景に心が和みます。

新鮮野菜の食感と味わいに驚き

オーチャード カフェ

自家農園の野菜が味わえる御膳が人気。ようこの畑のサラダ、手作りハムなど11～12品の料理が楽しめる。葉野菜のシャキシャキ感など、野菜のおいしさに驚く。

0766-72-3545 氷見市上田1661 3～12月、11:30～14:00(完全予約制) 休 期間中水～金曜 P あり JR氷見駅から車で17分 MAP 付録③ A-2

おすすめmenu

本日のおまかせ
(飲み物・デザート付)…3000円
季節の特別メニュー
(山ぶどうジュース付)…3500円
フルーツケーキ…450円
完熟山ぶどう手搾りジュース…1000円

1

2

3

1 有機肥料で育てられた野菜のご膳は予約優先。春には山菜や花の天ぷらなど、季節感あるメニューがそろう。ペット同伴可がうれしい 2 庭が望める和室もある 3 築約80年の日本家屋

1

2

おすすめmenu

オリーブランチ…1375円
(土・日曜、祝日は1980円)
パスタランチ…1243円
(土・日曜、祝日は1760円)
※土・日曜、祝日は前菜の種類が増え、デザート付き

3

1 氷見の旬を味わえるパスタランチ 2 素材の味を活かしたアンティパスト 3 地元で採れた新鮮な自然野菜。前菜、メイン料理、デザートにふんだんに使われる

氷見の野菜をふんだんに味わえる

イタリアンキッチンオリーブ

地元の農家から直接仕入れた、旬の野菜を使用したメニューがうれしいイタリアン。のんびりとした田園風景を眺めながら、旨味のつまった食事を楽しめる。

0766-74-5345 氷見市十二町301-1 11:00～14:30、17:00～21:00(夜は予約制) 休 木曜 P あり JR氷見駅から車で5分 MAP 付録③ A-2

地元の旬の食材をたっぷりと 氷見エリアの美食宿

氷見沖は天然のいけすと呼ばれるほど海の幸が豊か。富山湾の幸をはじめ、地元産の食材にこだわる料理自慢の宿が点在する氷見へ、美食の旅はいかが。

1目利きの主人が選んだ富山湾の珠玉の鮮魚をいただける 2富山湾から昇る美しい朝日も楽しみのひとつ 3寒ブリのしゃぶしゃぶ 44代目主人がつくる料理は人気が高くリピーターも多い 5フルリニューアルで部屋にバス・トイレを完備したホテルスタイルの宿 6蛇ヶ島越しに立山連峰が望める

ここだけの特別な時間が過ごせる心地よい宿

Hashimotoya ハシモトヤ

明治から続く老舗旅館が、2024年春にフルリニューアルして、新たにお目見え。蛇ヶ島越しに、ベストポジションで立山連峰が望める絶景が自慢の宿で、全室オーシャンビューになっている。富山ならではの食材を厳選した、主人のこだわり料理にも定評がある。

☎0766-79-1025
氷見市中田733
IN15:00 OUT10:00
室洋3 Pあり バス停中田からすぐ MAP付録③ B-1

料金プラン
主のおまかせプラン
1泊2食付(2名1室/1名分)
33000円~
バス・トイレ付き

絶景を満喫できる専用スポット

Hashimotoyaの裏には海が広がり、専用桟橋からは立山連峰の絶景が眺められます。大パノラマをひとり占めした気分になりそうです。

富山湾の幸が味わえる料理プランが充実

氷見温泉郷 魚巡りの宿 永芳閣

ひみおんせんきょうさかなめぐりのやどえいほうかく

板前創業の宿で、富山湾の海の幸が味わえる料理プランが充実。春限定のほたるいか白えびコースは富山湾ならではの味が楽しめると人気。すべての部屋から富山湾を望めるのもうれしい。

☎0766-74-0700 ⌂氷見市阿尾3257 ⏰IN15:00 OUT10:00 室和洋21、和9、特別室19 Pあり 👣JR氷見駅から送迎バスで15分（要予約） MAP付録③ B-1

1富山の三大味覚が味わえる特別グルメコース 2人気の活アワビの刺身 3海を望む露天風呂 4新館天遊 特別客室 5創業70年以上の老舗宿

料金プラン

海の幸板前会席「彩」プラン
1泊2食付（2名1室／1名分）
本館23000円～

1旬の魚が食べられる会席料理 2自家源泉から豊富に湧き出る温泉 3全客室がオーシャンビュー 4ロビーからは日本海に浮かぶ立山連峰が一望できる

氷見の旬の魚介を味わえる会席料理が人気

九殿浜温泉 ひみのはな

くでんはまおんせんひみのはな

料金プラン

氷見堪能コース
1泊2食付（2名1室／1名分）
18000円
通常コース
1泊2食付（2名1室／1名分）
11500円～

能登半島国定公園の高台に建つホテル。富山湾で朝どれのほたるいかやしろえび（春の一例）などのきときと魚介を使ったコース・会席料理が味わえる。お刺身をはじめ、氷見伝統の器に盛られたかぶす汁などの朝食もあり。

☎0766-79-1324 ⌂氷見市姿400 ⏰IN16:00 OUT9:30 室和20、洋2、和洋1 Pあり 👣バス停九殿浜から徒歩3分 MAP付録③ B-1

民宿を中心に、旅館やホテルなどがたくさんある氷見。海の幸だけではなく、山の幸も味わえるのが魅力です。

絹織物で栄えた街
城端《じょうはな》ぶらりさんぽ

**伝統ある城端絹、300年以上続く曳山祭など、
この地で代々受け継がれてきた歴史ある町、城端。
越中の小京都とも呼ばれる風情ある町でぶらりさんぽはいかが？**

ぐるっと回って
2時間

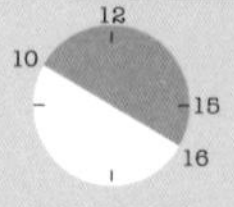

おすすめの時間帯

城端駅から徒歩15分圏内には、伝統の手織り機業、江戸時代から続く老舗のスイーツ店など城端の歴史を感じられるスポットが多くあります。時間があれば地場の農産物直売所もチェックして。

1赤煉瓦の建物は1919(大正8)年頃に建てられた旧城端醤油培菌室 2土蔵が建ち並ぶ蔵回廊の裏通り 3坡場の坂に建つ旧城端醤油の建物 4町内には曳山が収納されている山蔵がある 5緑が多く自然豊かな街。山間部には天然記念物や名勝も 6裏通りは細く、坂道が多い 7大正期から続く絹織物工場がある川島通り

珍しい繭玉《まゆだま》から生まれる美しい風合いのしけ絹

松井機業
まついきぎょう

創業1877（明治10）年の伝統ある機屋で、二頭の蚕が一つの繭を作る珍しい繭玉から生まれる美しいしけ絹が有名。城端絹、しけ絹と和紙を貼り合わせたしけ絹紙を生産・販売している。やわらかな風合いと絹本来の触り心地の良さを生かした、さまざまなアイテムがそろうオリジナルブランドの「johanas（ヨハナス）」は、併設のショールームで購入することができる。

絹織物 0763-62-1230 南砺市城端3393 13:00～17:00 休土・日曜 Pあり JR城端駅から徒歩15分 MAP71

1木造造りの美しい佇まい。機織り場とショールームが入っている 2しけ絹100％使用の美髪枕カバーは、寝ている間に髪をしっとり整えてくれる。全6色のカラーで、朱鷺（とき）、若草、水色、桃、藤、月とネーミングもステキ。各4950円

城端で開催される歴史ある祭り

300年も続く「曳山祭」は毎年5月4・5日に開催。毎年9月中旬に行われる、富山県の民謡麦屋節にあわせて踊る「むぎや祭」も有名です。

伝統ある城端塗を施した、職人の技の集大成ともいえる曳山の豪華さは圧巻

300年の歴史を誇る
曳山祭の雰囲気を体感

城端曳山会館

じょうはなひきやまかいかん

ユネスコ無形文化遺産に登録された城端曳山祭。館内では、実際に祭りで使用されている豪華な曳山、庵《いおり》屋《や》台《たい》、傘鉾《かさほこ》などを見学できる。

資料館 ☎0763-62-2165 ⌂南砺市城端579-3 ⏲9:00～17:00 休無休 ¥520円 Pあり 🚶JR城端駅から徒歩10分 MAP71

南砺市ならではの
素材を厳選したスイーツ

田村萬盛堂

たむらまんせいどう

江戸時代から続く老舗。地元産コシヒカリの米粉ロールケーキや漢方薬にも使われる蚕のフン入りクッキーなど、特産のスイーツが充実。

菓子店 ☎0763-62-0124 ⌂南砺市城端175 ⏲9:00～17:30 休火・水曜(和菓子作り体験は観光協会を通じて申し込み。不定期開催) Pあり 🚶JR城端駅から徒歩8分 MAP71

ずらりと商品が並ぶ店内

天然記念物・木の葉石がモチーフの「木の葉石」10個入1980円

なんと!ん米ロール270円～

新食感スイーツが食べられる
老舗の菓子店

ANGO 安居

アンゴやすい

創業1909(明治42)年の老舗菓子店で、餅とフィナンシェが二層になった和洋菓子が人気。つるし最中やバームクーヘンなどもある。

菓子店 ☎0763-62-0115 ⌂南砺市城端70 ⏲10:00～19:00 休月曜 Pあり 🚶JR城端駅から徒歩8分 MAP71

くせになる食感のもちフィナンシェ1個180円は、季節ごとにフレーバーが変わる

時間があれば
ひと足のばしてコチラにも

新鮮野菜や特産品など
城端ならではの商品がいっぱい

ヨッテカーレ城端

ヨッテカーレじょうはな

地場の農産物直売所を併設したショップ。南砺産特別栽培米コシヒカリのおむすびや、白えびだしのうどん、そばがおすすめ。

おむすび1個140～380円は24種類の味から選べる

銘品店 ☎0763-62-8888 ⌂南砺市立野原東1508 ⏲物販エリア8:00～19:00、飲食エリア9:00～18:00(時期・曜日などによって変更あり) 休無休 Pあり 🚶JR城端駅から車で9分 MAP付録③ A-3

田村萬盛堂では菓子木型を使って和菓子作り体験ができます。3300円。申し込み・開催確認は南砺市観光協会へ。

南砺エリアのすてきな宿で ゆったりおこもりステイ

**季節の移ろいが心地よい南砺エリア。
近郊の里山や庄川峡など自然あふれる環境に佇む宿は
のんびり過ごすだけでも心身ともに癒されます。**

1 4 歴史を感じつつ現代工芸の美に触れられる 2 併設のビストロ特製の朝食ボックス 3 職人のもとで「弟子入り」体験もできる 5 作家の作品が空間を彩る 6 石蔵のある古民家を改装した宿

贅沢な空間に浸る1日1組限定の宿

Bed and Craft ベッドアンドクラフト

日本有数の木彫りの町・井波にある分散型ホテル。古民家をリノベーションした宿は、全て1日1組限定の一棟貸しで、ひとつの宿に一人の職人が協働し、特別な作品が展示されている。井波の街の中心にあるラウンジでは、コンシェルジュが町案内を行うほか、ビストロも併設。

☎0763-77-4138
住 南砺市本町3-41
時 IN16:00 OUT11:00
室 6棟 P あり !! JR福野駅から車で9分 MAP 付録③ A-3

料金プラン

**TATEGU-YA、taë
(2名1棟／1名分)朝食付き
19000円～
KIN-NAKA、MITU、TenNE、RoKu
(2名1棟／1名分)朝食付き
23000円～**

職人に弟子入りできる宿

Bed and Craftでは宿泊と合わせ、職人の工房で木彫や漆芸のワークショップに参加できます。伝統工芸の技に、より親しむチャンスです。

里山に佇む1日3組限定のオーベルジュ

里山のオーベルジュ 薪の音

さとやまのオーベルジュまきのおと

のどかな風景が広がる里山の集落に佇む1日3組限定のオーベルジュ。静かな時が流れ、どの部屋からも里山の風景が楽しめる。館内の菜園レストランではフレンチベースのコース料理を用意。館主自ら育てた野菜や地元の食材など体が喜ぶ素材を厳選した料理が味わえる。

☎0763-62-3255
南砺市野口140 IN15:00 OUT11:00 室和洋3 Pあり JR城端駅から送迎車で5分 MAP71

1太い梁のある空間にコルビジェのソファなどを配したロビー 2土蔵が目印の玄関 3特別室の四花菱 4のどかな風景を眺めながら休憩

料金プラン

里山のオーベルジュ満喫プラン
1泊2食付(2名1室／1名分)
平日30000円～
北陸の冬を味わう薪の音スペシャルコース　1泊2食付(2名1室／1名分)
平日44000円～

客室から四季の移ろいが楽しめる

鳥越の宿 三楽園

とりごえのやどさんらくえん

1924(大正13)年創業の老舗宿。庄川峡に面した客室からは、桜や新緑など季節の風景が楽しめる。2つの源泉が楽しめるのは全国的にも珍しく、美肌の湯と呼ばれる炭酸水素塩泉と鉄分豊富な炭酸鉄泉はともに女性からの人気が高い。

☎0763-82-1260 砺波市庄川町金屋839 IN15:00 OUT10:00 休水曜 室和21 Pあり JR砺波駅から送迎バスで15分 MAP付録③ B-3

1露天風呂付き客室 2日本初の温泉療法ファンゴ 3三楽園会席 4宿の名前の由来になった鳥越の湯

料金プラン

スタンダードプラン
1泊2食付(2名1室／1名分)
平日18700円～
ゆったりファンゴプラン
1泊2食付(2名1室／1名分)
平日27500円～

南砺市には良質な湯が湧く温泉施設が充実。くろば温泉など日帰りで利用できる施設が多く、温泉を楽しめます（火曜休み）。

富山に春を告げる カラフルなお花畑

砺波で発案された
水上花壇

4月下旬に開
花する「恋茜」

花びらが幾重にも重
なったドレスのような
「乙女のドレス」

かわいいお花が
咲きました♪

パノラマテラスから見た大
花壇の地上絵と円形花壇

チューリップが1年中咲く
チューリップ四季彩館

砺波チューリップ公園

となみチューリップこうえん

毎年4月下旬～5月上旬に開催される、となみチューリップフェアのメイン会場。期間中咲き誇るチューリップの数は300万本で規模は国内最大級。

☎0763-33-7716(チューリップ四季彩館)
住 砺波市花園町1-32 時 入園自由(チューリップフェア開催時は9:00～17:30) 休 無休(チューリップフェア開催前後は臨時休園あり)
¥ 無料(チューリップフェア開催時は1500円)
P あり(チューリップフェア開催時は有料)
JR砺波駅から徒歩15分
MAP 付録③ A-3

富山を代表する品種
「黄小町」

上品な花色の
「フレミングフラッグ」

立山黒部
宇奈月温泉・五箇山

雲海を眼下に大パノラマが広がる立山や
新緑・紅葉の季節に人気のスポット黒部峡谷、
世界遺産に登録された
合掌造りの家並みが続く五箇山…
富山には大自然に触れ合えるエリアが
たくさんあります。
感動的な絶景の数々を
体と心で感じる旅へ出かけましょう。

立山黒部アルペンルートを さくっと紹介します

3000m級の北アルプスを貫く「立山黒部アルペンルート」。ルート上の各所には自然ゆたかな散策スポットが盛りだくさん。全長約37.2kmにも及ぶルートの概要をさくっと紹介します。

アルペンルート基礎知識

アルペンルートって？

立山黒部アルペンルートは剱岳や立山三山などの山々が連なる北アルプスを貫く世界有数の山岳観光ルート。総延長約37.2km、標高差約2000mのルート間はマイカーでは行けず、ケーブルカーやロープウェイ、トロリーバスなどの乗り物を乗り継ぎ移動する。通り抜けるには3時間ほどかかり、散策などの時間を含めれば7時間はかかると考えて。

アルペンルートへのアクセスは？

立山駅のある富山県側と扇沢駅のある長野県側からのアクセスが可能。立山駅へは電鉄富山駅から富山地方鉄道立山線で約1時間、北陸自動車道立山ICからは県道6号などを利用して約40分。扇沢駅へはJR信濃大町駅からアルピコ交通・北アルプス交通のバスで40分。JR長野駅東口からアルピコ交通の特急バスで1時間45分。夏季には富山駅前から室堂までの直行バスも運行。

公式HPには お役立ち情報がいっぱい

公式HPでは弥陀ヶ原、室堂、立山山頂、黒部ダムなど6ヶ所に設置するライブカメラから、各所の様子を配信している。天候をみて、現地に行く時の持ち物や服装などの目安に。また、アルペンルートの散策をサポートするイラストマップの紹介も。GPS機能付きなので初めてのコースでも安心。見どころスポットの解説もあり、より深くアルペンルートを楽しむことができる。インターネットで事前予約が可能なWEBきっぷもおすすめ。

どんな服装がいいの？

春でも室堂平周辺や弥陀ヶ原高原の散策道は雪に埋もれているので、防水の効いたトレッキングシューズや長靴が必要。歩くと暑くなるので、上着は着脱しやすいボタンやジッパーのついた服が便利。また雪の照り返しが強いのでサングラスも必要。

アルペンルート運賃表

※大人片道(往復)運賃(円)

	立山駅	美女平	弥陀ヶ原	室堂
立山駅		1090(1980)	3020(5460)	4090(7380)
扇沢	10940(19680)	9850(17700)	8270(14860)	6850(12300)

	大観峰	黒部平	黒部湖・黒部ダム	扇沢
立山駅	6290(11340)	7990(14400)	9140(16480)	10940(19680)
扇沢	4650(8340)	2950(5280)	1800(3200)	

2024年4月現在

高山植物が咲き誇る湿原

P.82 **弥陀ヶ原《みだがはら》**

溶岩台地に広がる雲上の湿原。高山植物や紅葉が美しく、木道が整備されているので気軽な散策に最適。

山のグルメ探しも楽しい

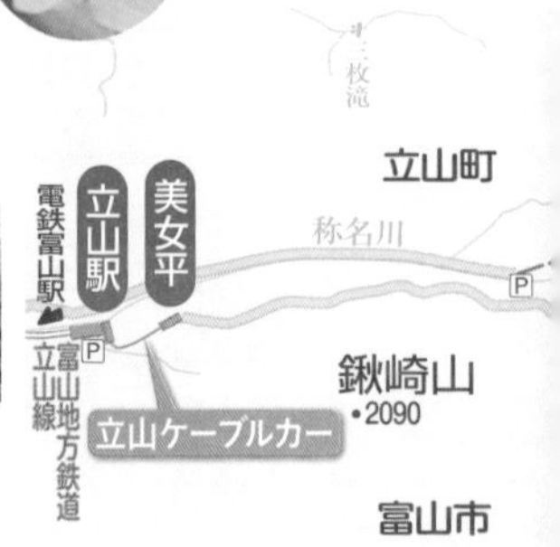

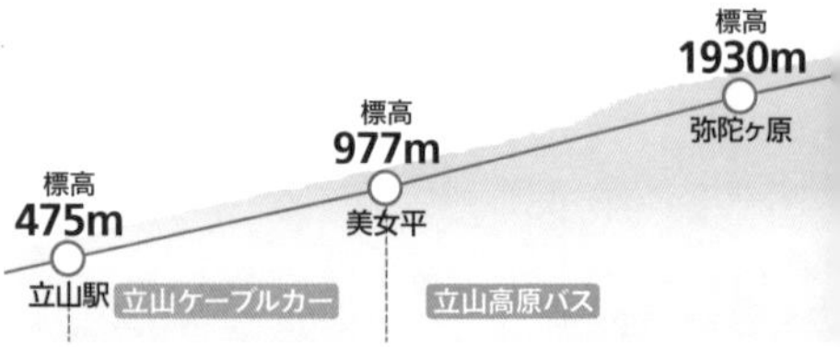

山の上とは思えない
充実ぶり

室堂《むろどう》

P.80

登山道の起点であり、観光地としての見どころも多い場所。レストランや郵便局など施設も充実している。

日本最大級の
迫力にびっくり

黒部ダム《くろべダム》

P.78

日本最大級の規模を誇る水力発電用ダム。遊覧船や展望台、徒歩散策など、さまざまに楽しめる。

立山駅 扇沢間はマイカー通行全面禁止

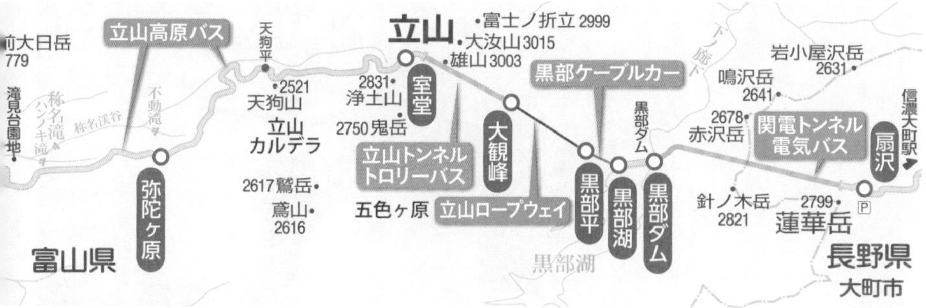

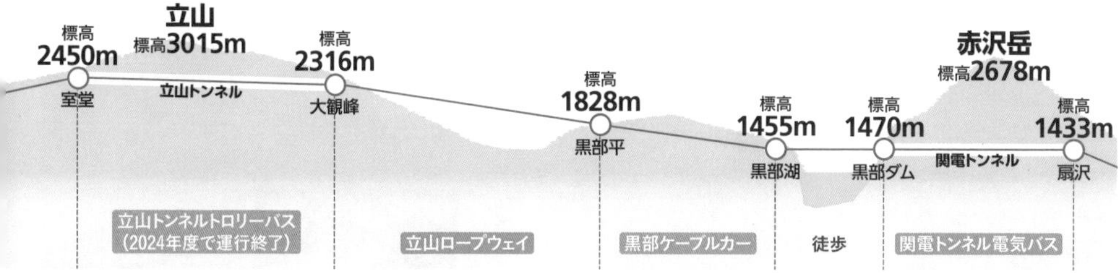

立山黒部アルペンルート内はたくさんの乗り物を乗り継ぎます。事前にそれぞれの時刻表を調べておくと便利です。

日本最大級の高さや長さが魅力 ケタ違いの大迫力、黒部ダムへ

黒部峡谷に造られた美しく勢いのある黒部ダム。
観光放水の期間には、大迫力の放水シーンを間近で見ることができます。
大自然の力強さを五感で感じてみましょう。

世界有数・最大級の巨大ダム

黒部ダム

くろべダム

7年もの歳月をかけて造られた、高さ186m、長さ492mと日本最大級の大きさを誇るダム。6月26日～10月15日は毎秒10～15トンもの水が流れ落ちる観光放水を実施しており、エメラルドグリーンに輝く黒部湖を眺めながら、大迫力の風景が体感できる。

☎0261-22-0804（くろよん総合予約センター）
⌂立山町芦峅寺 👣黒部ケーブルカー黒部湖駅または関電トンネル電気バス黒部ダム駅からすぐ
MAP 付録③ C-3

1 ダム展望台からの風景。運がよければ虹が見られることも
2 ダムの水をせき止めるために造られたアーチ形のえん堤。黒部ダム駅と黒部湖駅をつなぐ通路になっている
3 黒部ダム駅の屋上にある展望台。ダムの全景を一望でき、立山連峰も眺めることができる

ぐるっと回って
1時間

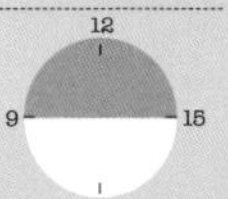

おすすめの時間帯

歩くだけなら1時間ほどで十分。展望台や広場は階段も多いです。限定グルメや遊覧船を考えている場合は、プラス1～2時間みておきましょう。湖畔遊歩道での森林浴もおすすめです。

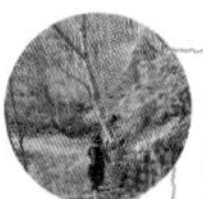

黒部湖の遊歩道

黒部湖に沿って、歩きやすい遊歩道が整備されています。新緑や紅葉など、どの季節でも楽しめ、ハイキングに最適です。

1レインボーテラスは川床にも近く迫力満点 2新展望広場には、黒部ダム建設の歴史を学べる展示も

目の前で放水を見学
新展望広場
しんてんぼうひろば

MAP 付録③ C-3

黒部ダムに2つある放水口とほぼ同じ高さにある広場。併設するレインボーテラスでは、風にのった水しぶきが飛び、自然のミストシャワーを浴びることができる。

1爽やかな風を感じながら大自然を満喫できる 2船の天井は一部ガラス張りで、船内からも景色を楽しめる

パノラマの大自然を船上から
黒部湖遊覧船ガルベ
くろべこゆうらんせんガルベ

満水時には標高1448mにもなる、日本一高所を運航する遊覧船。黒部湖を30分かけて一周する。船の後方は展望デッキになっており、風を受けながらの遊覧も楽しい。

☎0261-22-0804（くろよん総合予約センター）⌂立山町芦峅寺 ⏰6月1日～11月10日、9:00～15:00の間で約40分おきに運航 休期間中無休 ¥1100円 ‼関電トンネル電気バス黒部ダム駅から徒歩25分 MAP 付録③ C-3

名物グルメでひとやすみ

黒部ダムカレー 1300円
ルーを黒部湖に、ご飯をダムに見立てたグリーンカレー

木いちごソフトクリーム 450円
ほんのりした甘酸っぱさと、ほどよい甘さが広がる人気のメニュー

ハサイダーフロート 600円
天然水で仕込んだご当地オリジナルサイダーとバニラソフトが相性抜群のドリンク

黒部ダムレストハウス
くろべダムレストハウス

黒部ダム駅側にある売店やドリンクコーナー、レストランが入る建物。限定のアイテムやフードなどがそろう。

☎080-2105-4886 ⏰4月15日～11月末、9:00～16:00（売店）休期間中無休 ‼関電トンネル電気バス黒部ダム駅から徒歩5分 MAP 付録③ C-3

黒部ダム建設は戦後最大の大事業といわれ、『黒部の太陽』として映画・テレビドラマ化されています。

アルペンルートの観光拠点 絶景・見どころいっぱいの室堂を満喫

アルペンルートの中で最も標高が高い室堂。
日本一高所にある鉄道駅としても有名な場所です。
ハイキングやトレッキングはもちろん、グルメを楽しめるエリアとしても見どころたっぷりです。

見どころ目白押しのアルペンルートの拠点

室堂

むろどう

立山山頂を目指す登山道の起点でもあり、観光やトレッキングの玄関口として人が行き交う場所。日本一高所にあるリゾートホテルやレストラン、ショップ P.85など、観光拠点として利用する人も多い。室堂周辺は珍しい高山植物や動物の宝庫でもあるので、手付かずの大自然を見に行こう。

☎076-481-1500（立山黒部総合案内センター） MAP 81

1 初夏の新緑や秋の紅葉、そして初冬のスノートレッキングやバックカントリースキーなど楽しみ方が豊富な室堂 2 6月と8～9月頃に現れやすい雲海。神秘的なひとときにうっとりする 3 紅葉の名所として知られる雷鳥沢。室堂ターミナルから約45分で行くことができ、キャンプ場もある 4 限定切手やハガキも販売する立山山頂簡易郵便局。投函した郵便物にはオリジナル消印が押される 🕒5月～11月5日、9:30～14:00 5 立山の動植物や歴史を映像やパネルで紹介する展示館。無料の自然解説ツアーも実施している ☎076-463-5401 6 アルペンルートで最大規模を誇る室堂ターミナル売店(2F)。お菓子や地酒など限定商品も販売 7 ターミナルの3階には、建て替え前の雄山山頂のお社を復元し、展示している。屋根の上にはこっそりハート型の石も

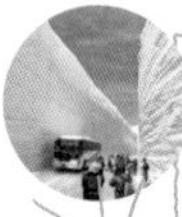

春だけのスペシャルビュー「雪の大谷」

4～6月に出現する巨大な雪の壁「雪の大谷」。バス道路を除雪してできる、高さ約20mのダイナミックな雪壁の間を歩いてみましょう。MAP81

約1時間

美しい湖面を眺めに、みくりが池周辺をトレッキング

START

室堂から、みくりが池への最短ルート・左回りで出発

少し歩くとみくりが池が見えてくる

火山の噴火で生まれた神秘的な池。澄んだ湖面に立山が映し出される

道中は高山植物ハイマツが生い茂る

ベンチに座って池をゆったり観賞

ランチはこちら

イチオシグルメがずらり

レストラン立山

レストランたてやま

白エビや富山ポークなど、県産食材を使ったメニューが味わえるレストラン。店内は300席の広さを誇り、立山の名水を使ったグルメも楽しめる。

1 一尾ずつ丁寧に揚げた白海老唐揚げ丼2100円（提供は6月1日～） 2 ティーラウンジりんどうの人気メニュー・黒部ダムシフォン1400円も味わえる

☎076-463-3345（ホテル立山） 🕒4月15日～11月下旬、9:30～16:30 休 期間中無休 室堂ターミナル2F MAP81

みくりが池のトレッキング後は、日本一高所にある天然温泉「みくりが池温泉」MAP81に立ち寄るのもおすすめです。

木道が続く広大な湿原
弥陀ヶ原遊歩道コース

**標高 1930m に位置する弥陀ヶ原は、小さな沼が点在する広大な湿原。
夏には綿毛をつけるワタスゲが一面に咲き、
秋には色鮮やかに輝く紅葉が美しく色づきます。**

湿原風景と独特な高山植物の宝庫

弥陀ヶ原遊歩道コース

みだがはらゆうほどうコース

湿原内に木道が整備された平坦な散策コース。コース沿いには小さな沼や、まるで異世界に来たかのような独特の高山植物帯が広がる。夏はワタスゲなどの愛らしい湿地の花々や蝶の姿も。

☎076-481-1500（立山黒部総合案内センター） バス停弥陀ヶ原からすぐ

レベル 初級　所要時間 40分　シーズン 6〜10月　MAP83

START

バス停すぐの出発地点から、1周40分の内回りコースを選択して、いざ出発

燃えるようなナナカマドの赤やミネカエデの黄色が、絨毯を敷き詰めたように山肌を染める

紅葉の見頃を迎える10月上旬の景色。紅葉は9月中旬から少しずつ色づき始める

ラムサール条約に登録

2012年7月に「立山弥陀ヶ原・大日平」は、その貴重な湿原の自然が認められ、湿地を保護するための世界的な条約であるラムサール条約に登録されました。

標高が高いので
高山植物がいっぱい

散策をしていると所々に、標高を示す看板がある

アップダウンのない、なだらかな木道が続く。周りの景色を眺めながらゆっくり進んで

ハートの形の
かわいい池を
発見♪

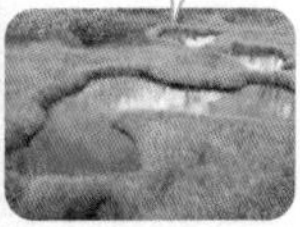

コース最大の見所、小さな沼（ガキの田）が登場。夏にはワタスゲの小さな白い綿花が広がる

標高2501mの大日岳。内回りコースは休憩所がある「ガキの田広場」で左へ曲がって

背の低い木が
広がる不思議な
世界でした〜

「ガキの田広場」から約25分でぐるっと1周し、あっという間にゴール

弥陀ヶ原湿原は高山植物の宝庫

ワタスゲ

7〜8月の夏の弥陀ヶ原の主役と言えば、白い綿毛をなびかせるワタスゲ。ほかにも、高山湿地特有の花々をたくさん見ることができる。

ヤナギラン

ハンゴンソウ

ガキの田と呼ばれる地塘《ちとう》は、立山信仰に登場する餓鬼道地獄に堕ちた餓鬼が造ったとされています。

大自然の感動を持ち帰れる アルペンルートのおみやげ

バスやロープウェイなど乗り換えの多いアルペンルート。
駅やホテルに売店も充実しているので、スキマ時間にさっと買い物ができます。
エリア限定商品もたくさんあるので、チェックしておきましょう。

食みやげ

見るのも食べるのもおいしい食みやげ。清らかな天然水から作られたアイテムも。

立山地ビール「星の空」Original、Black／各550円（330ml）

SHOPⒷⒸ

名水「立山玉殿の湧水」で仕込んだクラフトビール。自然の恵みがたっぷりのオリジナルと苦味がクセになる黒ビールの3種類

立山 星の雫（ミルク味）／1300円

SHOPⒷ

アルペンルートで一番人気の、香ばしいアーモンドをミルクパウダーで包んだお菓子。サクッカリッの食感が楽しい

ハサイダー／250円

SHOPⒶ

破砕帯の湧水を使ったご当地サイダー。ミネラル豊富な天然水で、甘さ控えめの爽やかなサイダーに

電気バス キャンディー缶／660円

SHOPⒶ

2019年の電気バス運行開始に合わせて登場したキャンディー。手のひらサイズの缶は小物入れにもぴったり

アルペンビーフカレー／500円

SHOPⒷ（2Fのみ）Ⓒ

アルペンルートのホテルシェフが仕上げた特製カレー。深いコクと香り高いスパイスのバランスが絶妙

雷鳥の一週間シリーズ／540円～

SHOPⒷⒸ

週に3日だけ働く雷鳥の、休日をお菓子にした人気クッキー。曜日によってクッキーの形や味が変わる

名水を使ったアイテム多数

立山の水から醸造された飲み物は、紹介しているビールやサイダーのほかにも、日本酒や甘酒など多様です。夜のおともにいかがですか。

雑貨みやげ

ライチョウやオコジョ、スコップをモチーフにした個性的なおみやげ。おうちでも楽しめる。

ライチョウ・オコジョのぬいぐるみ／1200円～

SHOP ABC

出会えたラッキーな人にも、見られなかった人にもおすすめなぬいぐるみ。癒やされること間違いなし

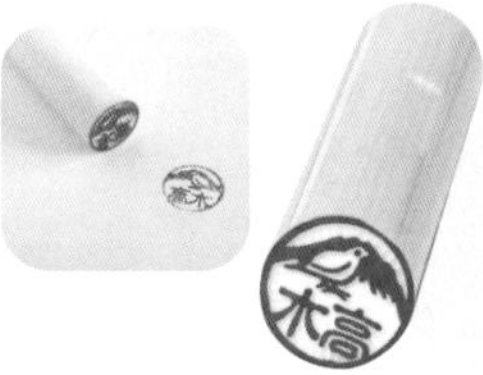

雷鳥印鑑／1100円

SHOP B（2Fのみ）

立山と雷鳥が刻印された、かわいい印鑑。銀行印としても使用できるので、自分の名前を探してみて

スコップスプーン／550円～

SHOP A

黒部ダム建設工事にちなんだスコップ型のスプーン。「黒部ダム」の刻印入り。ゴールドや角型スコップも

Yamasanka

「山っていいね、を分かち合う。」をコンセプトにしたブランド。全国各地の山岳地で販売中。

山のてぬぐい オコジョの衣替え／770円

SHOP B（2Fのみ）C

夏毛と冬毛のオコジョ柄の手ぬぐい

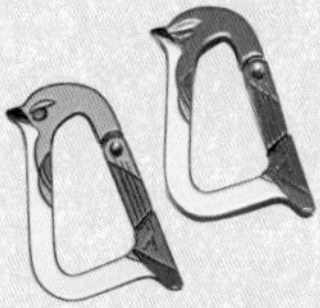

山鳥のカラビナ／各1100円

SHOP B（2Fのみ）C

カップや懐中電灯を引っ掛けて

山のプチっとライト／各770円

SHOP B（2Fのみ）C

中央をプッシュするとLEDが点灯

A 黒部ダムレストハウス《くろべダムレストハウス》

☎080-2105-4886 🕘4月15日～11月末、9:00～16:00（売店） 休 期間中無休 ‼関電トンネル電気バス黒部ダム駅から徒歩5分 MAP 付録③ C-3

B 室堂ターミナル売店《むろどうターミナルばいてん》（1F・2F）

☎076-463-3062 🕘4月15日～11月4日、8:30～16:30（1F）、4月15日～11月末、7:00～19:30（2F） 休 期間中無休 ‼室堂ターミナル構内 MAP 81

C 立山駅売店《たてやまえきばいてん》

☎076-481-1188 🕘4月15日～11月末、6:50～17:50 休 期間中無休 ‼富山地方鉄道・立山ケーブルカー立山駅2F MAP 付録③ C-3

アルペンルートの各中継駅にもショップがあります。限定アイテムもあるので、のぞいてみましょう。

星の近くでさわやかお泊まり
立山の絶景ホテル

**大自然の中で快適なホテルステイを楽しめるのは立山の魅力のひとつ。
ゆったりとした空間で、贅沢なひとときが過ごせる、
とっておきのホテルをご紹介します。**

1澄み切った空気と静寂に包まれ、星空観測に最適なロケーション 2山小屋のような雰囲気の5階ロビー 3山々を染めながら沈む夕日も息をのむ美しさ 4夕食は富山の山海の幸を取り入れた「立山旬味料理」(和食)を堪能できる 5ご来光を一身に浴び、身も心も清められた気分に 6周囲は見渡す限りの北アルプスの山々 7雲上の絶景を、ロビーや客室から楽しめる

アルペンルートにある憧れのホテル

ホテル立山 ホテルたてやま

日本一の標高を誇るリゾートホテルとして多くの観光客や登山客を引きつける宿。高原散策やご来光バスツアー、星空観賞会など大自然と触れ合える独自のイベントも盛りだくさん。雲上の澄み切った静寂のなかでの宿泊は格別。室堂ターミナルに直結とアクセスも至便。

☎076-463-3345
住 立山町芦峅寺《あしくらじ》室堂 時 4月15日～11月29日、IN15:00 OUT10:00
室 洋82 P なし 交 室堂ターミナルからすぐ MAP 81

料金プラン
**1泊2食付26400円～
(2名1室／1名分)**

豪雪地帯ならではのスポーツ

室堂は世界でも有数の豪雪地帯。11～6月まで雪があり、山スキーやスノーボードなどのスノースポーツが楽しめます。

1空と緑のコントラストが美しいホテルの外観。バス停から近くアクセスも良い 2剱岳が望める浴室での入浴は至福の時間 3風味豊かな山の幸、海の幸をふんだんに盛り込んだ料理が提供される 4ホテル前から見える富山平野の夜景が美しい 5レストランからの眺望も抜群 6広々とした4ベッドのデラックスルームもあり、家族や友人とゆったり寛ぐことができる 7無数の星で埋め尽くされる天狗平。特定日には星空の観察会も行う

雲上のパノラマを楽しめる絶景の宿

立山高原ホテル たてやまこうげんホテル

標高2300mの天狗平に位置するホテル。立山連峰をパノラマ状に見渡せる抜群の眺望を誇る。展望テラスでは、ご来光、山の眺望、雲海に沈む夕陽、満天の星空と、一日中息をのむほどの美しさを味わえる。日常と離れた別世界で、心休まるひとときを。

☎076-463-1014 住立山町天狗平 時4月25日～11月4日、IN15:00 OUT9:00 室洋17、和8、和洋1、その他1 Pなし 交バス停天狗平からすぐ MAP付録③ C-3

料金プラン

1泊2食付22000円～（2名1室／1名分）

環境保全のため、アルペンルート内は自家用車の乗り入れができません。立山駅・扇沢にそれぞれ駐車場があるのでこちらを利用して。

myことりっぷ

トロッコ電車でトコトコ黒部峡谷へ

美しい景色や秘境の露天風呂が楽しめる黒部峡谷。峡谷に沿って走るトロッコ電車にのんびりと揺られて、沿線の雄大な自然を楽しみましょう。

1

キュートでレトロなトロッコ電車

日本一深いV字峡谷をぬうように走るトロッコ電車です。車両タイプによって金額が異なるので、事前にチェックを。

2

トロッコ電車に乗って
黒部峡谷をめぐる旅へ

黒部峡谷トロッコ電車

くろべきょうこくトロッコでんしゃ

宇奈月駅から欅平駅へ、10の駅を経て片道約80分。車窓からは四季折々の大自然を眺めることができ、沿線では温泉やグルメが楽しめる。宇奈月駅、黒薙駅、鐘釣駅、欅平駅の4駅で乗り降りが可能。

☎0765-62-1011（黒部峡谷鉄道お客さまセンター） 🕒宇奈月始発8:17、宇奈月終発14:56 ¥宇奈月～欅平（片道）2480円 Ⓟあり 👣トロッコ電車宇奈月駅は富山地方鉄道宇奈月温泉駅から徒歩5分
※運行状況や詳細についてはHPで確認

3

1山あいを走るトロッコ電車。春は新緑、夏は爽涼、秋は紅葉が美しい。宇奈月駅付近のやまびこ遊歩道からは電車が橋を渡る様子を見ることができる 2普通客車の車内。ガラス窓のない客車からは、黒部峡谷のパノラマが広がり、景色をくまなく眺めることができる
3トロッコ電車の始発駅・宇奈月駅。トロッコの旅はここからスタート

車両は2タイプ

普通客車

オープンタイプの普通客車は、ガラス窓がないので開放感抜群。さわやかな風や自然の香りを存分に体感したい方におすすめ。座席は横一列4人掛けとなっている

リラックス客車

ガラス窓の付いたリラックス客車は、横一列3人掛けで、進行方向に合わせて座席転換をすることも可能。窓は開閉できるので、ゆったりと峡谷観賞を楽しみたい方におすすめ

大峡谷にできた鉄道の歴史

険しい谷と厳しい自然で、長年人を寄せ付けなかった黒部峡谷。この大峡谷に発電所を建設するため資材運搬用鉄道ができ、現在では、大自然を周近で感じられる観光用列車としても親しまれています。

沿線の見どころをCHECK

温泉街に響くトロッコの音

山彦橋 やまびこばし

「新山彦橋」から見える、かつては軌道だった橋。現在は歩いて渡ることもできる

周囲の山々を映す湖面

うなづき湖 うなづきこ

秋にはエメラルドグリーンの湖面に、色づいた山々が美しく映し出される

峡谷で最も峻険な谷を渡る

後曳橋 あとびきばし

かつて入山者が谷の深さに思わず後ずさりしたことからその名がついた谷にかかる橋

秋は紅葉が山々を染める

錦繍関（鐘釣橋）

きんしゅうかん（かねつりばし）

黒部峡谷随一の紅葉の名所。紅葉だけでなく、初夏の新緑も見事なもの

レトロで美しいアーチを描く

水路橋 すいろきょう

後曳橋を渡る時に左手に見える、クラシカルな水路橋。1927（昭和2）年竣工

黒部川の清流と山々を望む

黒部万年雪展望台

くろべまんねんゆきてんぼうだい

黒部川の清流と鐘釣山が見える展望台。春～夏は残雪と新緑のコントラストが美しい

野趣満点の露天風呂

鐘釣河原

かねつりかわら

黒部川の河原に湧き出る温泉。無料で利用可能（悪天候、増水の場合利用不可）

迫力の奇観に出会える

人喰岩 ひとくいいわ

岩盤をえぐり取って造られた歩道。その名のとおり、人を飲み込むように見える

終点の欅平駅からは人喰岩や祖母谷温泉へのトレッキングが楽しめます。時間に余裕のある方はぜひ。

黒部峡谷散策の拠点
宇奈月温泉さんぽ

**トロッコ電車の始発駅がある宇奈月温泉は、
峡谷の自然を生かした見どころや足湯が点在しています。
グルメやおみやげも豊富。ゆったり散策を楽しみましょう。**

1

4

5

2

3

6

1美しい景色が楽しめる「やまびこ遊歩道」 2宇奈月公園内にある人気の足湯「おもかげ」。無料なので湯の街散策の休憩におすすめ 3探検心をくすぐる「やまびこ遊歩道」のトンネル 4やまびこ遊歩道からは新山彦橋を見ることができる 5黒部川にせり出すように造られた「想影展望台」はスペインの建築家・エンリック・ミラーレスの設計 6「やまびこ展望台」は、新山彦橋を走るトロッコ電車を望める絶好の撮影スポット

黒部峡谷の大自然に癒されるやまびこ遊歩道

宇奈月温泉に到着したらまずは、「やまびこ遊歩道」へ。この遊歩道は、宇奈月駅前から山彦橋 P.89を渡り宇奈月ダムに至る、かつてトロッコ電車が走っていた旧軌道を利用した約1kmの散策コース。新緑や色鮮やかな紅葉の季節は特におすすめ。近くにはダム展望台も。通行期間は例年4月下旬～11月下旬まで。

観光情報はココで

宇奈月温泉観光案内所

うなづきおんせんかんこうあんないじょ

☎0765-62-1515 住黒部市宇奈月温泉256-11 宇奈月温泉総湯「湯めどころ宇奈月」内 ⏰9:00～17:00 休無休
Pなし 交富山地方鉄道宇奈月温泉駅からすぐ MAP 91

お得なクーポンを散策のお供に

宇奈月温泉街や黒部市内の散策がお得に楽しめる「宇奈月・くろべ食べ歩きクーポン」600円。地元の加盟店22店舗のなかから3店舗を選び、各店舗のスイーツやご当地グルメと引き換えることができます。

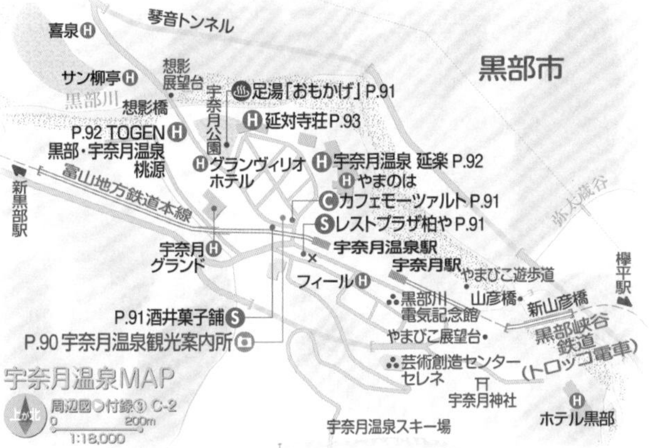

ここでひと休み

洋風あんみつアイスネクライネ750円(上)とウィンナーコーヒー650円(右)

カフェモーツァルト

モーツァルトの生家をイメージしたカフェ。モーツァルトをBGMにコーヒーやスイーツが楽しめる。

カフェ ☎0765-62-1255 ⌂黒部市宇奈月温泉294-1 ⏱8:20～19:00(季節により異なる) 休不定休 Pなし 富山地方鉄道宇奈月温泉駅からすぐ MAP91

ほっとひと息

足湯「おもかげ」

あしゆおもかげ

宇奈月公園内にある足湯。温泉街の中心にありひと休みにおすすめ。地元住民や観光客の憩いの場となっている。

足湯 ☎0765-62-1515(宇奈月温泉観光案内所) ⌂黒部市宇奈月公園内 ⏱6:00～22:00 休無休 ¥無料 Pなし 富山地方鉄道宇奈月温泉駅から徒歩5分 MAP91

泉質は弱アルカリ性の単純温泉で、約40℃と気持ちのよい足湯

酒井菓子舗

さかいかしほ

宇奈月温泉駅にほど近い和菓子店。店主手作りの和菓子を販売しており、伝統の味を楽しむことができる。湯の花ごろも4個入1200円～。

蜜づけの青ジソの葉でつぶあん入りのもちを包んだこだわりの和菓子

和菓子 ☎0765-62-1731 ⌂黒部市宇奈月温泉294-3 ⏱9:00～17:30(12～4月は～17:00) 休不定休 Pなし 富山地方鉄道宇奈月温泉駅からすぐ MAP91

レストプラザ柏や

レストプラザかしわや

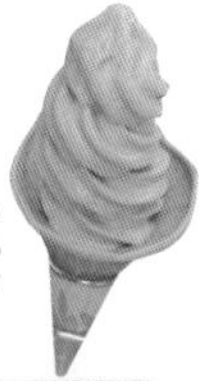

甘すぎないさっぱりとした味わいが人気の入善ジャンボすいか味

富山湾の海産物を使用したおみやげや食事が楽しめる。入善ジャンボすいか味のご当地ソフトクリーム400円がおすすめ。

レストハウス ☎0765-62-1607 ⌂黒部市宇奈月温泉372 ⏱1Fみやげ処は10:00～17:00、2F食事処は10:50～15:00 休無休(12～4月は不定休) Pなし 富山地方鉄道宇奈月温泉駅からすぐ MAP91

富山の奥座敷、名湯で知られる宇奈月温泉。散策のあとは、宿に泊まってゆっくりするのがおすすめです。P.92

名湯にゆったり癒される 宇奈月温泉の宿

**宇奈月温泉は北陸屈指の規模を誇る一大温泉地。
美肌の湯として名高いお湯に浸かり、ゆったりと癒されましょう。
富山の新鮮な食材が使われた料理も楽しみです。**

割烹の味で知られる気品の宿

宇奈月温泉 延楽

うなづきおんせんえんらく

宇奈月温泉駅近くにある人気の老舗旅館。開業時よりだしにこだわり、新鮮な食材を使った会席料理は、見た目も美しい。ゆかりの芸術家たちの作品が多数展示されているので、宿内でゆったりと過ごすのもおすすめ。

☎0765-62-1211 住黒部市宇奈月温泉347-1 ⏲IN15:00 OUT10:00 室和38、和洋5、その他1 Pあり 👣富山地方鉄道宇奈月温泉駅から徒歩4分(送迎あり、要確認) MAP91

料金プラン
**1泊2食付40850円～
(2名1室／1名分)**

1ヒノキの香りが心地よく、峡谷を見渡しながらの入浴が楽しめる露天風呂「華の湯」 2ゆったりと流れる黒部川と雄大な山々を見ながら過ごせる、文化サロン清渓。コーヒーを飲みながら静かなひとときを 3露天風呂つきの客室や眺望の良い客室が評判

瀬音が心地よい露天風呂と彩り豊かな料理を

TOGEN 黒部・宇奈月温泉 桃源

トウゲンくろべうなづきおんせんとうげん

客室や浴場から黒部の峡谷美を楽しめる旅館。眺望の良さには定評があり、3つの無料貸切風呂“花浅葱”“松葉”“茜”が人気。富山の海の幸・山の幸満載の料理を上質なダイニングスペースでゆったりといただける。

☎0765-62-1131
住黒部市宇奈月温泉22-1
⏲IN15:00 OUT10:00
室和27、和洋2、和ベッド8、露天付3 Pあり 👣富山地方鉄道宇奈月温泉駅から徒歩5分(送迎あり、要連絡) MAP91

1広々とした川床露天風呂はヒノキを使用 2地元食材をたっぷり使った料理は格別 3黒部川を眼下に望む客室で、峡谷の四季を心ゆくまで堪能して

料金プラン
**1泊2食付24200円～
(2名1室／1名分)**

芸術家も愛した湯です

多くの文化人が訪れる宇奈月温泉 延楽の露天風呂「琴音の湯」。宿にゆかりのある芸術家中川一政が、対岸にある小さい琴音の滝つぼを見て、その名を付けました。

トロッコ電車で行く峡谷の秘湯

名剣温泉

めいけんおんせん

切り立った崖に立つ、知る人ぞ知る温泉宿。山々に囲まれた宿から望む黒部川は、まるで深い谷底にあるかのよう。黒部峡谷のダイナミックな自然の魅力を客室や露天風呂からたっぷり味わうことができる。

☎0765-52-1355（予約事務所）
住 黒部市宇奈月町欅平
時 5月下旬～11月中旬、IN15:00 OUT10:00 室 和10 P あり
交 黒部峡谷鉄道欅平駅から徒歩15分 MAP 89

料金プラン
1泊2食付18850円～（2名1室／1名分）

1 源泉は黒部峡谷の最奥にある1800m上流の祖母谷温泉。なめらかな肌ざわりが特徴の単純硫黄泉で、北陸では珍しい泉質 2 黒部川を望む客室。地元でとれた川魚や山菜を使用した料理も楽しみのひとつ 3 宿は奥鐘橋を渡った先にある

大自然に包まれた露天で憩う

延対寺荘

えんたいじそう

大正初期の宇奈月温泉の開湯とともに開業し、与謝野晶子や川端康成など多くの文人に愛された宿。館内の随所から峡谷のパノラマを楽しむことができ、料理旅館の伝統を感じられる会席料理も好評。

☎0765-62-1234
住 黒部市宇奈月温泉53
時 IN15:00 OUT10:00
室 和74、洋7、和洋4 P あり
交 富山地方鉄道宇奈月温泉駅から徒歩5分 MAP 91

1 泉質は肌に優しい微弱アルカリ性純度100%の天然温泉。峡谷と黒部川を望む露天風呂 2 富山湾の海の幸を使用した会席料理 3 外窓がガラス張りの特別室「蘭亭」

料金プラン
1泊2食付16500円～（2名1室／1名分）

宇奈月温泉は、黒部峡谷の玄関口にある富山県随一の温泉郷。地元では「つべつべ美肌湯」として親しまれています。

合掌造りの里・五箇山をのんびりおさんぽ

白川郷とともに、世界遺産に登録されている五箇山。
相倉・菅沼という二つの合掌造りの集落では、
今でも昔のおもかげを残した暮らしが営まれています。

ぐるっと回って 4時間

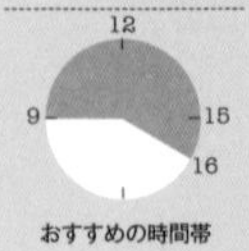

おすすめの時間帯

相倉合掌造り集落からスタートし、国道156号沿いに点在する見どころをめぐるコース。立ち寄りをしながらのんびり散歩を。

1

5

5菅沼集落の秋の風景 6民謡「こきりこ」に欠かせない楽器「ささら」.

6
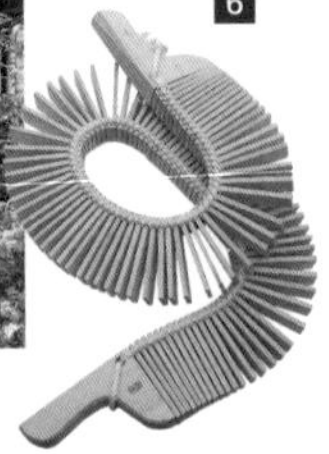

2

3

4

1平家の落人伝説が残る秘境の地。加賀藩の保護を受けて火薬原料の塩硝の生産が営まれていた 2冬のシーズンも美しい、モノトーンに包まれた雪化粧の相倉合掌造り集落 3相倉合掌造り集落では現在も民家で人々の生活が営まれている 4懐かしい雰囲気の囲炉裏

村上家

むらかみけ

豪壮な合掌造りの家屋

約350年前の建設と伝わり、戦国時代の武家造りと書院造りが混在している4階建ての合掌造り家屋。五箇山の民俗資料が約1000点展示されている。

☎0763-66-2711 住南砺市上梨725 ⏰3月～12月14日、9:00～16:00 休期間中火・水曜（祝日の場合は開館）¥400円 Pあり バス停上梨からすぐ MAP95

国指定重要文化財。釘などの金物類は一切使われておらず、五箇山地方の合掌造りの中でも、建築当時の様式を今に伝える代表的建造物

冬季は雪に閉ざされるため、かつては陸の孤島とも呼ばれた五箇山。重い雪が落ちやすいように急勾配の三角形になっている屋根

相倉合掌造り集落

あいのくらがっしょうづくりしゅうらく

山間に広がる日本の原風景

200～300年の歴史をもつ大小さまざまな合掌造り家屋や五箇山の歴史的風景を残す集落。合掌造りを利用した資料館や民宿、喫茶店、みやげ物屋などが充実している。

☎0763-66-2123（世界遺産相倉合掌造り集落保存財団）住南砺市相倉 ⏰8:30～17:00（保存財団）休無休 Pあり バス停相倉口から徒歩5分 MAP95

五箇山へのアクセス

高岡駅から城端駅を経由して相倉、菅沼、岐阜県の白川郷までアクセスできる「世界遺産バス」付録③ B-4が便利。2日間有効の乗り放題フリーきっぷもあります。

五箇山民俗館

ごかやまみんぞくかん

雪国の暮らしに思いを馳せる

菅沼地区で最も古い合掌造りの家屋に、五箇山の山村生活で使われた生活用具や民具など約200点を展示。当時の知恵や暮らしぶりに触れることができる。

川を渡るときに使われていた道具も展示

☎0763-67-3652 南砺市菅沼436 ⓛ9:00～16:30（12～3月は～16:00）休無休 ¥300円（塩硝の館と共通）Ⓟあり ‼バス停菅沼から徒歩3分 MAP95

菅沼合掌造り集落

すがぬまがっしょうづくりしゅうらく

合掌造りの中で四季折々の自然を

安穏とした山里の風景の中に9棟の合掌造り家屋が現存しており、観光地化されていない集落の姿を見学できる。かつての五箇山を代表する産業、"塩硝"に関する珍しい資料館もある。

ライトアップされた幻想的な雰囲気の菅沼集落

☎0763-67-3008（菅沼世界遺産保存組合）南砺市菅沼 ⓛ8:00～17:00（駐車場入場は～16:00、12～3月は9:00～16:00）休無休 Ⓟあり ‼バス停菅沼からすぐ MAP95

ランチはここで

創業時から名物のイワナの握り

五箇山 旬菜工房 いわな

ごかやましゅんさいこうぼういわな

「道の駅上平《かみたいら》ささら館」にある店。注文を受けてから、生け簀から出したイワナを目の前でさばいてくれる。塩焼きや刺身も楽しめる。

☎0763-67-3267 南砺市西赤尾町72-1 道の駅上平ささら館1F ⓛ11:00～20:00 休火曜（祝日の場合は営業）Ⓟあり ‼バス停ささら館前からすぐ MAP95

イワナと赤かぶらのにぎり膳 1760円

ここも立ち寄って

旅の思い出に和紙作り体験

五箇山和紙の里

ごかやまわしのさと

和紙体験館で、五箇山和紙すき体験ができる（要予約）。和紙工芸館では五箇山和紙の歴史や製造工程の紹介展示がある。

和紙作りの体験ではハガキを作ることができる

☎0763-66-2223 南砺市東中江215 ⓛ9:00～17:00（体験受付は～15:00）休無休 ¥入館無料、紙すき体験800円～ Ⓟあり ‼バス停下梨から車で5分 MAP95

由緒ある合掌造り最大の旧家

岩瀬家

いわせけ

約300年前に加賀藩塩硝上煮役の住宅として建てられた合掌造りの家屋。書院造の座敷などがあり、風格が漂う。

5階建ての内部は欅《けやき》造りになっている

☎0763-67-3338 南砺市西赤尾町857-1 ⓛ9:00～16:30（12～3月は～16:00）休木曜（祝日の場合開館）¥400円 Ⓟあり ‼バス停西赤尾からすぐ MAP95

合掌造り家屋の屋根には、主にススキの仲間のカリヤスが使われています。15～20年に一度葺き替えが行われます。

山の里で味わう
五箇山ほっこりグルメ

**郷土色豊かな料理やおみやげがいっぱいの五箇山。
風情ある町並みを散策した後は、
地元素材を使ったグルメを味わい、おみやげ探しを楽しんで。**

1イワナや四季折々の山菜を使用した吾郎平御膳2500円。単品料理も用意されている 2雪国の暮らしを体験できる、囲炉裏のある店内座敷。大人数で入れる広い座敷もある 3約170年の歴史ある合掌造り家屋

合掌造りの囲炉裏端で贅沢なひとときを

五箇山食べ処 吾郎平《ごかやまたべどころごろべい》

合掌造り家屋の食事処。五箇山の郷土料理・五箇山豆腐や、山菜をふんだんに使用した五箇山そば、岩魚塩焼き御膳などを味わうことができる。なかでも吾郎平御膳は五箇山の郷土料理を多数味わえるのでおすすめ。家屋は築約170年と歴史のある合掌造り家屋で、五箇山の歴史を感じながら食事を楽しめる。

郷土料理 ☎0763-67-3502 南砺市菅沼906
10:00～16:00 休 不定休 P あり
バス停菅沼から徒歩3分 MAP 95

1まつや定食2800円。季節ごとの献立を提供するため、その時期に合った食材を生かして、メニューが変わる（※画像はイメージ） 2木のぬくもりが感じられるゆったりとした雰囲気の店内 3創業当時の面影を残す合掌造りの店先

伝統ある五箇山の憩いの場

まつや

相倉集落にある合掌造りの茶店・休憩処。大正時代から五箇山街道で平野部との往来の人々の憩いの場として、日用品やお酒・食品の販売をしてきた老舗。昔ながらのぬくもりあふれる店内では、地元素材にこだわった五箇山ならではの季節料理や甘味が味わえ、民芸品などの種類豊富な、おみやげの販売もしている。

郷土料理 ☎0763-66-2631 南砺市相倉445
9:00～17:00（食事は10:30～16:00 ／冬季変更あり） 休 無休
P なし バス停相倉口から徒歩10分 MAP 95

相倉・菅沼集落の有料駐車場の利用を

相倉・菅沼集落には有料の駐車場があります(集落保全協力金として普通自動車500円)。車で行った場合はこちらを利用しましょう。

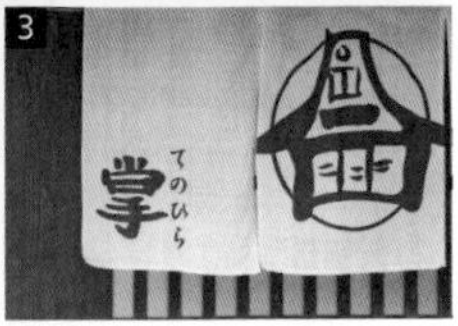

1自家製のベイクドチーズケーキ400円とブレンド500円。ブレンドには自家製のクッキーが付く 2すっきりとモダンな印象の店内にはゆったりとした時間が流れる 3軒先の暖簾もかわいい

菅沼集落唯一の喫茶店でほっとひと息

茶房 掌

さぼうてのひら

菅沼合掌造り集落内にある唯一の喫茶店。自宅の納屋を改装し、20年前にオープン。メニューは自家製ケーキやコーヒーのほか、そば団子400円や抹茶500円(五箇山菓子付き)など。手作りのスイーツは甘さ控えめでほっとする味。コーヒーや抹茶は混雑時を除き、好きな焼物の器で提供してもらえるのもうれしい。

喫茶 ☎0763-67-3066 南砺市菅沼400
10:00〜16:00(夏期は〜17:00) 休火曜 Pあり
バス停菅沼からすぐ MAP95

おみやげはコレ

五箇山和紙の里 ごかやまわしのさと

「道の駅たいら」に併設されている、五箇山和紙を紹介・販売する施設。店内にはインテリア小物や雑貨などが並び、やさしい風合いを生かした和紙製品は女性に人気。

P.95

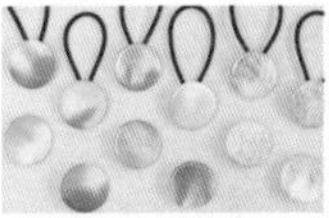

端材で作られた和紙ボタン(ヘアゴム)各550円や、デザイナーとコラボレートしたカラフルでポップなブックカバー各2420円などがそろう

喜平商店 きへいしょうてん

五箇山豆腐を販売する、大正初期創業の豆腐店。五箇山豆腐500円は縄で縛っても崩れないほど身がつまった堅豆腐で、大豆本来の濃厚な旨味を味わうことができる。五箇山を代表する郷土料理を手軽にどうぞ。

豆腐店 ☎0763-66-2234
南砺市上梨608
7:00〜20:00
休不定休
Pあり
バス停上梨からすぐ
MAP95

厚揚げ1枚200円や豆腐の燻製1本500円のほか、豆乳を使用した製品がある。中でもあっさりと食べやすい豆乳ソフト350円が好評

五箇山和紙の里がある「道の駅たいら」には飲食店もあり、五箇山豆腐など郷土料理が食べられます。MAP95

myことりっぷ

世界遺産の集落・五箇山で合掌造りの宿に泊まってみました

今も昔ながらの生活が息づく世界遺産の里・五箇山で築約200年の合掌造りの民宿に泊まってみました。ゆったりとした時間が流れる中、のんびりと田舎暮らしを体感できますよ。

1約200年前に建てられた当時の姿を現存 2合掌造りの屋根裏 3五箇山の伝統民謡「こきりこ」を踊る人形 4四季折々の里山の幸を使った女将特製料理 5離れにある大浴場 6居間の中心に設けられている囲炉裏

あたたかいもてなしと料理にほっこり

五箇山合掌の宿 庄七 ごかやまがっしょうのやどしょうしち

相倉集落に佇む築約200年の合掌造りの宿。1日2組限定で、温かいおもてなしが受けられる。夕食は地元の食材を使った旬の料理を、囲炉裏を囲んで味わう。宿の女将の楽しい話を聞きながら食事を味わえば、なんだか田舎に帰ってきたようなほっとした気持ちになれる。

☎0763-66-2206
南砺市相倉421
IN15:00 OUT10:00 室和4（1日2組または10名まで宿泊可）
Pあり バス停相倉口から徒歩5分 MAP95

料金プラン
1泊2食付（2名1室／1名分）
16500円～
（2024年12月31日まで適用）

1日1組限定のゆっくり、のんびり宿

合掌展示館・民宿 勇助

がっしょうてんじかんみんしゅくゆうすけ

1868（明治元）年に建築された合掌造りで、加賀藩宮大工の技術が室内の至る所に組み込まれている。元カメラマンのオーナーが語る五箇山の魅力も楽しく、10:00～15:00は、宿泊者以外も有料で館内の見学が可能。相倉合掌集落の歴史を学ぶ展示館も併設している。

☎0763-66-2555 住南砺市相倉591 時IN15:30 OUT9:30 室和2（1日1組・定員2～4名） Pあり 徒バス停相倉口から徒歩7分 MAP95

料金プラン

1泊2食付（4名／1名分）
13000円～（冬期暖房費500円）

1 囲炉裏を囲みながら食べる食事は、里山の食材をふんだんに味わえる 2 雪下ろしの苦労を減らすために、急勾配となっている屋根 3 五箇山を紹介する写真や生活道具などを展示

家庭的なおもてなしに心和む宿

与茂四郎

よもしろう

相倉集落のほぼ中心にある、散策にも便利な民宿。築200年以上の合掌造りで、気さくなオーナー家族が迎えてくれる。あたたかい心遣いが人気で、安らぎのひとときを過ごせる。五箇山名物の堅豆腐「五箇山どうふ」など、山の幸を味わえる料理も人気。

☎0763-66-2377 住南砺市相倉395 時IN15:00 OUT10:00 室1棟 Pあり 徒バス停相倉口から徒歩10分 MAP95

料金プラン

1泊2食付（2名1室／1名分）
13000円～

1 味のある看板が可愛い、趣のある外観
2 食事は囲炉裏を囲んで楽しむ
3 どこか懐かしい食事にほっこり

民宿・勇助の合掌づくり展示館「勇助」には、養蚕業を営んでいた様子や五箇山の移りかわりの写真を展示しています（入館料300円）。

ひと足のばして
白川郷へ行ってみました

岐阜県にあるもうひとつの世界遺産の村、白川郷。
昔ながらの日本家屋で過ごすゆったりとした時間に触れ、
合掌造りの生活を肌で感じましょう。

ぐるっと回って

3時間

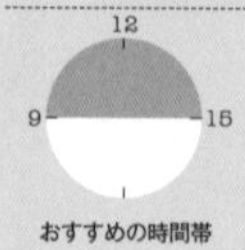

おすすめの時間帯

駐車場やバス停、総合案内所がある荻町の「白川郷バスターミナル」を起点とするのがおすすめ。和田家前にあるシャトルバスに乗れば荻町城跡展望台まで、坂を上らずに見どころを歩いて回れます。

1

2

3

4

5

6

国指定重要文化財の豪壮な合掌家屋

和田家《わだけ》

代々、名主(庄屋)や番所役人を務めるとともに、白川郷の重要な産業であった焔硝製造の取引で栄えた和田家。築約300年の家屋は白川郷最大規模で、国指定重要文化財にも登録されている。現在も住居として使われており、その一部を見学できる。実際に使用されていた漆器類や養蚕用具、古文書等を見ることができ、興味深い。館内では詳しい解説を聞くこともできる。

歴史建築 ☎05769-6-1058 住岐阜県白川村荻町997 時9:00～17:00 休不定休 ¥400円 Pなし 白川郷バスターミナルから徒歩3分 MAP101

1北側から見た和田家。現在も和田家の人々が暮らしている 2釘を使わない建築当時の工法に目を見張る 3先祖が使っていた食器や養蚕の道具にも歴史が漂う 4代々、名主や番所役人を務めていた村の名家 5家の周囲には昔ながらののどかな風景、広大で豊かな自然が広がる 6煙が家を長持ちさせている

現存する最大規模の合掌集落です

世界遺産登録の合掌集落のなかで最も規模が大きいのが白川郷・荻町合掌集落。展望台から集落を一望する絶景を楽しみましょう。

ランチはこちらで

飛騨牛石焼和膳3750円

白水園

はくすいえん

合掌造りの店内で食事が楽しめる。飛騨牛、朴葉味噌、山菜を使った和定食など、郷土色豊かな料理が味わえる。

郷土料理 ☎05769-6-1200 ⌂岐阜県白川村荻町354 🕒11:30～14:45 休不定休 Pあり ‼白川郷バスターミナルからすぐ MAP101

小さな村のような博物館

野外博物館 合掌造り民家園

やがいはくぶつかんがっしょうづくりみんかえん

住宅をはじめ、板倉や唐臼小屋など25棟（うち9棟は県指定重要文化財）の貴重な合掌造り民家を保存公開。

博物館 ☎05769-6-1231 ⌂岐阜県白川村荻町2499 🕒8:40～16:40（12～2月は9:00～15:40）休無休（12～3月は木曜休、祝日の場合は前日休）¥600円 Pなし ‼白川郷バスターミナルから徒歩15分 MAP101

集落全体を見渡す絶景スポット

城山天守閣展望台／荻町城跡展望台

しろやまてんしゅかくてんぼうだい／おぎまちしろあとてんぼうだい

食事処の敷地内にある城山天守閣展望台と、少し下にある荻町城跡展望台。どちらも人気の撮影スポットで白山連峰が一望できる。写真は城山天守閣展望台からの眺め。

展望台 ☎05769-6-1013（白川郷観光協会）⌂岐阜県白川村荻町 🕒見学自由 Pあり（城山天守閣展望台のみ／要予約）‼白川郷バスターミナルから徒歩20分、またはシャトルバスで5分 MAP101

「白川郷」とは白川村と高山市荘川町（旧荘川村）および高山市清見町（旧清見村）の一部からなる地区の呼称です。

白川郷で見つけた
ほっとなごむおみやげ＆カフェ

**どこか懐かしさを感じる手作りのおみやげと
心が落ち着く、素朴なたたずまいのカフェ。
旅の思い出と休息のひとときを手にしてください。**

素材と手づくりにこだわったプリン

白川郷ぷりんの家

しらかわごうぷりんのいえ

店内の厨房でひとつ一つ手づくりにこだわってつくる上質なプリンは、オリジナルデザインの瓶に入っておみやげにも最適。素材にも妥協しない心意気は、素朴ながら、なめらかでほどよい味わいに表れている。和三盆の柔らかな甘みが特長のなめらかぷりんがおすすめ。

プリン ☎05769-6-1700 ⌂岐阜県白川村荻町702 🕒10:00～16:30 休水曜 Pなし ‼白川郷バスターミナルから徒歩7分 MAP101

1

2

3

1丁寧に抽出したコーヒーをジュレにしたコーヒーぷりん480円 2水ぷりん460円は、白川郷のきれいな湧水を使用したジュレとクリーミープリン、カラメルの3層でできたみずみずしく、爽やかな味わい 3白川郷の散策帰りに立ち寄って

素朴なおみやげ

1

2
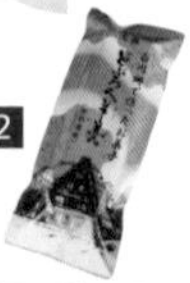

1ほのかに酒の甘い香りが漂うどぶろくの煎餅16枚入り550円 2ほどよい甘さのどぶろく羊羹520円

名物のスイーツをおみやげに

恵びす屋 えびすや

名産どぶろくを使ったスイーツなどが並ぶみやげ店。飛騨の民芸品や白川郷の特産品もそろう。おみやげ選びが楽しめそう。

おみやげ ☎05769-6-1250 ⌂岐阜県白川村荻町89-2 🕒9:30～16:30（季節により変動あり）休不定休 Pなし ‼白川郷バスターミナルから徒歩8分 MAP101

情緒ある大きな木造建築の店。中も広くゆったり買い物ができる

1

2

1国の重要文化財である和田家に隣接する 2素朴な魅力が漂う、合掌造り輪ゴムかけ500円をはじめ、合掌造りのミニチュアが付いたさまざまなアイテムがそろう

民芸品やご当地の味がずらり

こびき屋 こびきや

地元の銘菓、どぶろくや清酒といった地酒、合掌造りをかたどった小物など、白川郷らしいおみやげが充実。わら細工など昔からの民芸品も人気が高い。

おみやげ ☎05769-6-1261 ⌂岐阜県白川村荻町286 🕒9:00～17:00（季節により変動あり）休不定休 Pなし ‼白川郷バスターミナルから徒歩3分 MAP101

閉店時間に注意を

白川郷の飲食店や売店は総じて閉店時間が早め。訪れる場合は営業時間をしっかりチェックしておきましょう。

三角屋根♪

天然水で淹れたコーヒーでひと休み

落人

おちうど

合掌造り家屋で営む喫茶店。天然水で淹れたコーヒーや、素朴な味わいの手作りのぜんざいが楽しめる。ぜんざいは、囲炉裏の鍋から自分で食器に盛るセルフサービスのスタイルで、好きな量をよそうことができる。

カフェ 090-5458-0418 岐阜県白川村荻町792 11:00～15:40 休不定休 Pなし 白川郷バスターミナルから徒歩8分 MAP 101

1合掌造りの建物と和洋ミックスのインテリアが調和し、落ち着いた雰囲気の店内。店主夫妻による温かなもてなしも人気の秘密 2ぜんざい800円とコーヒー 600円。夏は冷やしぜんざいが登場する

癒やしのカフェ

落ち着きのあるコーヒー専門店

文化喫茶 郷愁

ぶんかきっさきょうしゅう

白川郷の風景とコーヒーを静かに楽しむことができるカフェ。靴を脱いで座敷席に上がり、座椅子に座ってゆったりとくつろげる。広々とした店内の大きな窓からは、向かいにある明善寺の茅葺きや鐘楼を眺めることができる。特等席で美しい景色を満喫。

カフェ 05769-6-1912 岐阜県白川村荻町107 10:00～15:00 休不定休 Pなし 白川郷バスターミナルから徒歩10分 MAP 101

景色を楽しみながらリラックス

1建物は合掌造り家屋をリノベーションしたもの。落ち着いた雰囲気のお店 2田園風景をじっくり堪能できる

どぶろくは限られた場所でしか醸造が許されないお酒。白川郷では名産品なので、ぜひ味わってください。

富山へのアクセスは
北陸新幹線が便利です

富山県への旅の玄関口、JR富山駅。
飛行機、新幹線、高速バスと豊富な交通手段がそろうので、
時間や料金、観光ルートを考慮して最適な交通手段を選びましょう。

首都圏からは北陸新幹線で楽々

北陸新幹線が東京から富山までを最短2時間5分で結び、アクセスも抜群です。富山県内には富山駅、新高岡駅、黒部宇奈月温泉駅の3駅がありますよ。

各地から現地へ

鉄道は新幹線で富山&新高岡へ、飛行機なら富山きときと空港へ

関東からは北陸新幹線を利用すると便利です。
東海·関西方面からは特急で敦賀に出て、北陸新幹線に乗り換えます。
名古屋からは富山まで直通の特急もあります。北海道からは飛行機を利用して。

富山へのアクセス

どこへ?	なにで?	ルート	所要時間	ねだん
東京から		**東京駅**→JR北陸新幹線かがやき·はくたか→**富山駅**	2時間5~50分	12960円
		羽田空港→ANA→**富山きときと空港**→富山地方鉄道バス→**富山駅前**	1時間35分	28890円
金沢から		**金沢駅**→JR北陸新幹線かがやき·はくたか·つるぎ→**富山駅**	18~23分	3390円
		金沢駅→IRいしかわ鉄道·あいの風とやま鉄道→**富山駅**	1時間	1290円
名古屋から		**名古屋駅**→特急しらさぎ→**敦賀駅**→JR北陸新幹線つるぎ(一部はくたか)→**富山駅**	3時間10~30分	10070円
		名古屋駅→特急ひだ→**富山駅**	3時間50分~4時間5分	7790円
		名鉄バスセンター→名鉄バスほか→**富山駅前**	3時間35分	3300~5800円
大阪から		**大阪駅**→特急サンダーバード→**敦賀駅**→JR北陸新幹線つるぎ(一部かがやき·はくたか)→**富山駅**	2時間35分~3時間10分	10290円
札幌から		**新千歳空港**→ANA→**富山きときと空港**→富山地方鉄道バス→**富山駅前**	2時間5分	44590円

高岡へのアクセス

どこへ?	なにで?	ルート	所要時間	ねだん
東京から		**東京駅**→JR北陸新幹線はくたか→**新高岡駅**→加越能バス→**高岡駅南口**	2時間50分~3時間30分	13990円
金沢から		**金沢駅**→JR北陸新幹線はくたか·つるぎ→**新高岡駅**→加越能バス→**高岡駅南口**	25~45分	3240円
		金沢駅→IRいしかわ鉄道·あいの風とやま鉄道→**高岡駅**	40分	870円
名古屋から		**名古屋駅**→特急しらさぎ→**敦賀駅**→JR北陸新幹線つるぎ(一部はくたか)→**新高岡駅**→加越能バス→**高岡駅南口**	3時間20~45分	9900円
		名古屋駅→特急ひだ→**富山駅**→あいの風とやま鉄道→**高岡駅**	4時間15~45分	8180円
		名鉄バスセンター→加越能バスほか→**高岡駅前**	3時間35分	3500~4300円
大阪から		**大阪駅**→特急サンダーバード→**敦賀駅**→JR北陸新幹線つるぎ(一部はくたか)→**新高岡駅**→加越能バス→**高岡駅南口**	2時間40分~3時間15分	10230円

マークの説明 新幹線 その他の鉄道 バス 飛行機

■問い合わせ先

鉄道

JR東日本お問い合わせセンター……☎050-2016-1600
JR西日本お客様センター……☎0570-00-2486
JR東海テレフォンセンター……☎050-3772-3910
あいの風とやま鉄道……☎076-444-1300
IRいしかわ鉄道……☎076-256-0560

飛行機

ANA（全日空）……☎0570-029-222

バス

加越能高速バスセンター……☎0766-22-4890
加越能バス乗車券センター……☎0766-21-0950
富山地鉄テレホンセンター……☎076-432-3456
名鉄高速バス予約センター……☎052-582-0489

飛行機は羽田・新千歳発着のみなので注意

富山への飛行機の直行便は羽田・新千歳からしか出ていません。それ以外の地域の人は、羽田空港経由または鉄道かバスを利用しましょう。

※記載のデータは2024年4月現在のものです。鉄道や飛行機のねだんは、通常期の普通車指定席・普通席（新幹線・特急を利用しない場合は普通運賃のみ、飛行機は旅客施設利用料を含むFLEX D運賃）利用の場合です。

■お得なきっぷ情報

出発地から北陸エリアまでの往復切符と、フリー区間を設定したきっぷがセットになったフリーきっぷがお得です。

●北陸観光フリーきっぷ　名古屋市内発17220円、浜松発19280円、静岡発20290円

大阪や名古屋からは高速バスも便利。上手に利用して時間を有効に活用しましょう。

富山・高岡を拠点に各エリアへ

**富山県内の観光スポットへのアクセスを
富山駅と高岡駅を中心にわかりやすく紹介します。
特急や観光バス、レンタカーなど、予算やプランを考慮して選びましょう。**

各エリアへのアクセス

移動は主に鉄道で。五箇山エリアへはバスで

富山県内の各観光エリアへは富山駅か高岡駅を拠点とすることがほとんど。
出発地に合わせてアクセスしやすいルートを選びましょう。

富山から各エリアへ

どこへ？	なにで？	ルート	所要時間	ねだん
八尾へ	鉄道	**富山駅**→JR高山本線→**越中八尾駅**	25～35分	330円
岩瀬へ	鉄道	**富山駅**→富山地方鉄道富山港線→**岩瀬浜駅**	25分	210円
高岡へ	鉄道	**富山駅**→あいの風とやま鉄道→**高岡駅**	20分	390円
立山へ	鉄道	**電鉄富山駅**→富山地方鉄道本線・立山線→**立山駅**	50分～1時間10分	1230円
宇奈月温泉へ	鉄道	**電鉄富山駅**→富山地方鉄道本線→**宇奈月温泉駅**	1時間40分～2時間10分	1880円

高岡から各エリアへ

どこへ？	なにで？	ルート	所要時間	ねだん
富山へ	鉄道	**高岡駅**→あいの風とやま鉄道→**富山駅**	20分	390円
新湊へ	鉄道	**高岡駅**→万葉線→**第一イン新湊 クロスベイ前**	40分	400円
氷見へ	鉄道	**高岡駅**→JR氷見線→**氷見駅**	30～35分	330円
南砺（城端へ）	鉄道	**高岡駅**→JR城端線→**城端駅**	50分～1時間5分	590円
南砺（五箇山・菅沼へ）	バス	**高岡駅前**→加越能バス（世界遺産バス）→**菅沼**	1時間33分	1200円
南砺（五箇山・相倉へ）	バス	**高岡駅前**→加越能バス（世界遺産バス）→**相倉口**	1時間18分	1000円

こんなきっぷがあります

**立山黒部
アルペンきっぷ**

立山黒部アルペンルート内のすべての乗り物に乗れ、出発地からの往復運賃・特急料金も込み。東海、関西、中国発の設定があり、利用できる列車や経路、価格は出発地によって異なるが、およそ5000～14000円程度割安。いずれも出発から8日間有効。立山黒部へのアクセスはP.76を参照。

発売期間：4月1日～11月下旬
利用期間：4月中旬～11月下旬
※GWと8月中旬は利用できない場合あり
JR東海テレフォンセンター
☎050-3772-3910
JR西日本お客様センター
☎0570-00-2486

マークの説明 鉄道 バス

おもてなしタクシーを使ってみては?

質の高いおもてなしサービスが提供できるとして、富山県から表彰された乗務員のタクシーです。申込みは各乗務員が所属するタクシー会社まで。
富山県タクシー協会　HP www.t-taxi.sakura.ne.jp/

富山 交通MAP

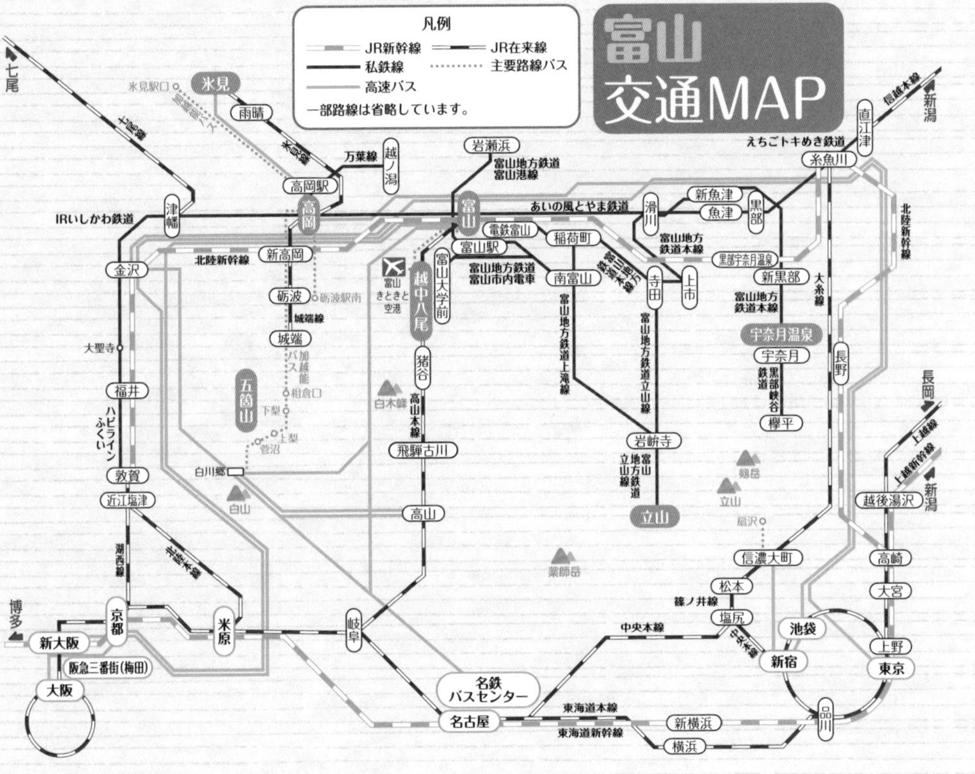

レンタカー情報はこちら

鉄道やバスの時間を気にせずに行動したいという人は、レンタカーでの観光がおすすめです。JRの「レール&レンタカー」などJR乗車券と同時に申し込むと割引が受けられるサービスも利用しましょう。

- ●ニッポンレンタカー富山駅北口営業所 ……………… ☎050-1712-2541
- ●オリックスレンタカー富山駅北口店 ……………… ☎076-432-0543
- ●スカイレンタカー富山駅前店 ……………… ☎076-432-5688
- ●トヨタレンタリース新高岡駅前店 ……………… ☎0766-26-1070
- ●日産レンタカー新高岡新幹線駅前店 ……………… ☎0766-23-5523
- ●駅レンタカー新高岡営業所 ……………… ☎0766-24-4200

アクセスの詳細は、とやま観光ナビのサイトでもチェックしてみてください。［とやま観光ナビ］［検索］

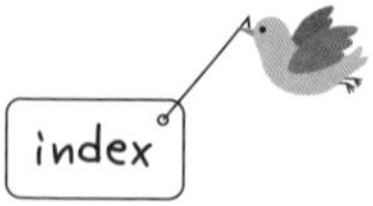

あ

か

みどころ Ⓡ レストラン Ⓒ カフェ Ⓢ ショップ Ⓗ ホテル 温泉

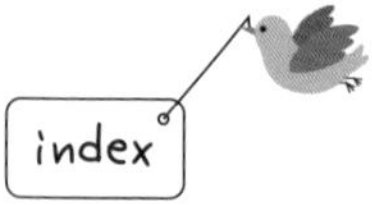
index

みどころ Ⓡ レストラン Ⓒ カフェ Ⓢ ショップ Ⓗ ホテル ♨ 温泉

ことりっぷ co-Trip

富山

立山黒部・五箇山

STAFF
●編集
ことりっぷ編集部
クレッシェント
●取材・執筆
クレッシェント（田中千穂、田中昌一郎、渡部亜矢、浅子百合）
アイドマ編集室（外岡実）
●撮影
岩堀和彦、東畑賢治、清水ちえみ、齋藤雄輝、山下コウ太、井上英祐、山本哲朗、新井智子
●表紙デザイン
GRiD
●フォーマットデザイン
GRiD
●キャラクターイラスト
スズキトモコ
●本文デザイン
GRiD
●DTP制作
明昌堂
●地図制作協力
エムズワークス
●校正
田川企画
●協力
富山県地方創生局 観光振興室
公益社団法人 とやま観光推進機構
関係各市町村観光課・観光協会
関係諸施設

2024年6月1日　3版1刷発行

発行人　川村哲也
発行所　昭文社
本社：〒102-8238 東京都千代田区麹町3-1
☎0570-002060（ナビダイヤル）
IP電話などをご利用の場合は☎03-3556-8132
※平日9:00～17:00（年末年始、弊社休業日を除く）
ホームページ:https://sp-mapple.jp/

●掲載データは、2024年3～4月の時点のものです。変更される場合がありますので、ご利用の際は事前にご確認ください。消費税の見直しにより各種料金が変更される可能性があります。そのため施設により税別で料金を表示している場合があります。なお、感染症に対する各施設の対応・対策により、営業日や営業時間、開業予定日、公共交通機関に変更が生じる可能性があります。おでかけになる際は、あらかじめ各イベントや施設の公式ホームページ、また各自治体のホームページなどで最新の情報をご確認ください。また、本書で掲載された内容により生じたトラブルや損害等については、弊社では補償いたしかねますので、あらかじめご了承のうえ、ご利用ください。
●電話番号は、各施設の問い合わせ用番号のため、現地の番号ではない場合があります。カーナビ等での位置検索では、実際とは異なる場所を示す場合がありますので、ご注意ください。
●料金について、入場料などは、大人料金を基本にしています。
●開館時間・営業時間は、入館締切までの時刻、またはラストオーダーまでの時刻を基本にしています。
●休業日については、定休日のみを表示し、臨時休業、お盆や年末年始の休みは除いています。
●宿泊料金は、基本、オフシーズンの平日に客室を2名1室で利用した場合の1人あたりの料金から表示しています。ただし、ホテルによっては1部屋の室料を表示しているところもあります。
●交通は、主要手段と目安の所要時間を表示しています。ICカード利用時には運賃・料金が異なる場合があります。
●本書掲載の地図について
測量法に基づく国土地理院長承認（使用）
R 5 JHs 14-156181　R 5 JHs 15-156181
R 5 JHs 16-156181　R 5 JHs 17-156181
R 5 JHs 18-156181

ISBN 978-4-398-15618-1
定価は表紙に表示してあります。